细说宫廷

这些戚宦很另类

张志君 著

细说宫廷

商务印书馆国际有限公司

图书在版编目（CIP）数据

细说宫廷：这些戚宦很另类 / 张志君著 . — 北京 : 商务印书馆国际有限公司 , 2016.5
（细说宫廷）
ISBN 978-7-5176-0224-8

Ⅰ . ①细… Ⅱ . ①张… Ⅲ . ①历史人物—列传—中国—古代—通俗读物
Ⅳ . ① K820.2-49

中国版本图书馆 CIP 数据核字 (2016) 第 079717 号

细说宫廷：这些戚宦很另类

作　　者　张志君
责任编辑　李东晓
出版发行　商务印书馆国际有限公司
（地址 北京市东城区史家胡同甲 24 号　邮编 100010）
（总编室电话 010－65592876　市场营销部电话 010－65598498）
网　　址　www.cpi1993.com
经　　销　全国新华书店
印　　刷　三河紫恒印装有限公司
开　　本　710mm × 1000mm　1/16
字　　数　238 千字
印　　张　15
版　　次　2016 年 6 月第 1 版第 1 次印刷
书　　号　ISBN 978-7-5176-0224-8
定　　价　29.80 元

目录

爱搞发明创造的太监

——东汉宦官蔡伦

◎天性机巧

除造纸外尚有别能

◎承讽旨陷害宋贵人

遭报复服毒了余生

中华民族留给人类文明的东西很多，至今我们这些后来者仍享有其福泽的就有指南针、造纸术、印刷术、火药等四大发明。

令人遗憾的是，这不仅饮誉中国而且也饮誉世界的四大发明，竟有三项都是有“发明”却无人来领“专利”——考证不出谁是确切的初创者。而唯一的一项造纸术发明人虽能证明是蔡伦，但由于种种原因，提到他的书籍或文章往往语焉不详，这不能不说是一个莫大的遗憾。

蔡伦到底是个什么样的人呢？

天性机巧
除造纸外尚有别能

一提到蔡伦，人们马上会想起蔡侯纸。实际上，除了造纸之外，蔡伦还有许多别的才能。

为了全面了解蔡伦，我们不妨简单叙述一下他的履历。

蔡伦，据《后汉书》上记载，字敬仲，是东汉时湖南桂阳人。他进入宫廷是在汉明帝刘庄永平末年，大约是公元七四到七五年前后。这一时期正是东汉王朝的鼎盛时期。

明帝永平十七年（74 年），“甘露仍降，树枝内附，芝草生殿前，神雀五色翔集京师”，边远少数民族政权纷纷遣使来贺。一向有明主之称的明帝刘庄甚为高兴，于五月专门下诏。诏书上说：“天生神物，以应王者；远人慕化，实由有德。朕以虚薄，何以享斯？惟高祖、光武圣德所被，不敢有辞。其敬举觞，太常择吉日，策告宗庙，其赐天下男子爵，人二级……”永平十八年，明帝又大赦天下。

就是在这种宽松的氛围中，蔡伦从家乡桂阳来到洛阳，进入皇宫，当了一名宦者。

转眼几年过去了。

这期间，明帝刘庄辞世，其子刘炟嗣立，是为章帝。

章帝即位之初，颇有一些作为。他重视儒学，不仅奖励宫外的读书人，就是对宫内的太监、宫女也破例准许他们读书识字。

蔡伦得风气之先，加上人又聪明，所以，各方面的素质很快就有了显著的提高，从一个不谙世事的小太监被提拔为小黄门。

这小黄门虽然一年的俸禄不过六百石，却可以常在皇帝左右“受尚书事”。而且，由于皇帝多深居简出，与外界沟通的重任往往就落在他们的肩上，所以，也算得上是一个很重要的职务。之后，在整个章帝时期，蔡伦的官运再无太大起色。

公元八八年二月，章帝在洛阳章德宫前殿驾崩。去世之前，他选定第四子刘肇做自己的继承人。

二月壬辰日，刘肇在老父的灵前继位，是为和帝。

和帝早就听说蔡伦的才名，登基后不久就把蔡伦由小黄门提拔为中常侍。此时的蔡伦已人到中年，除了颌下无须以外，出落得一表人才，加上“有才学，尽心敦慎”，因而深得和帝的礼敬，已经有资格“豫参帷幄”——与闻国家大事了。

蔡伦应该是一个很有个性的太监，因为他在工作之余很懂得享受生活。据史书记载，每到休假的日子，蔡伦总是闭门谢客，独自一人微行于田野，将自己置身于天地间，与大自然亲密接触。而且，与历史上大多数乱政太监不同，蔡伦秉性耿直，尽心公事。他曾多次违逆和帝的旨意，直言匡正和帝的得失。

和帝不仅没有因蔡伦犯颜直谏而疏远蔡伦，反而更加器重他，让他兼任尚方令。

尚方是古代专门制造帝王所用器物的官署。我们大众所熟知的“尚方宝剑”，就由尚方制造。古代手工业主要是官营，尚方是官营手工业的最高机构，所以，尚方可以说聚集了天下大部分的能工巧匠，代表着当时行业的最高水平。成为尚方令的蔡伦到了这里，可以说是如鱼得水。不久，蔡伦就得到了充分展示自己创造才能的机会。

和帝永元九年（97 年），蔡伦受诏“监作秘剑及诸器械”。

这是一项很难做好的工作。

秘剑一名佩刀。据史料记载，上古时代，君臣刀上各有佩玉，尊卑有度，贵贱有别。到了春秋战国时代，因为连年混战，人们对刀的要求首先是实用，而不考虑其装饰效果。荆轲刺秦王时，秦王的剑因为饰物太多，一时拔不出来，差一点丢了性命。这个教训使得当时的统治者要求，即使是宫中御用之刀剑也要解去韨佩。汉承秦制，对此一开始并未做任何改变。

到了和帝时代，承平日久，统治者又开始追求起奢靡的生活来，要求将作大匠造出来的剑要有韨有佩。可是解去韨佩又是祖训，是听皇上的话违背祖训呢？还是不听皇上的指示遵从祖宗的法度呢？

这可是个难题。

蔡伦自有主意。

他决定打“擦边球”：在佩刀上加上装饰，但“饰用黄金”——黄金可以解释为饰物，也可解释成是刀的一部分，因为古时已有金错刀。蔡伦试制了一把，呈给和帝。和帝看了十分满意。至此之后，蔡伦的发明创造源源不断。

《后汉书·舆服志》上说，西汉一代，宫里宫外使用的车子有二十一种。这二十一种车中有很多到东汉已经失传，蔡伦根据古籍的记载和自己的巧思，将其一一变成实物。

比如乘舆，这种车子在一种今已失传了的古书上记载，说是武王时代就已有之。乘这种车子，前面要有九杆大旗作前导，任何一本书都是这么写的。为什么前面要有九杆大旗？后面有行不行？不打九杆，打八杆大旗行不行？

蔡伦经过考证之后发现，大旗作前导起源于武王伐纣时代。当时纣王无道，手下将士牧野倒戈，百姓们欢呼着迎接武王入城，“荷杆旗以先驱”。这就是乘舆前面需有大旗的原因。至于是不是必用九杆，蔡伦认为古人并无定制。但考虑到“九”为阳数之极，天子又为至阳至刚之尊，所以，他觉得用九旗前导，也不失为一个好主意。

由于蔡伦头脑聪明又肯钻研，所以，他主持制作的诸般器物，“莫不精工坚密为后世法”。东汉大政治家崔寔在上书汉桓帝的《政论》里说道：“蔡太仆之弩，及龙亭九年之剑，至今擅名天下。”这里，“蔡太仆”、“龙亭”指的都是蔡伦。“弩”和“剑”都是兵器，这些发明制造无疑在冷兵器时代影响重大，但若是论起影响的深远性则莫过于他发明的蔡侯纸。

在东汉以前，人们记录语言的载体多为牛皮或竹子或帛。

《论语》说孔夫子读书用功之深，不觉“韦编三绝”，这“韦”就是指熟牛皮。

汉以前，书写所用之物多为竹子。今天文一点的人们说某一篇文章写成定稿之后，常用“杀青”这个字眼。这“杀青”就是熏竹子。因为写上字的竹简倘若不用火熏，极易被虫子蛀蚀，而经过火烤处理的竹简刻字方便且防虫蛀。另外，据司马迁的《史记》记载，秦始皇每天要看几十车竹简的公文。由此可见秦代即使贵为天子，也只能使用那种又粗又笨的竹家伙。

刘邦建立西汉王朝以后，有人发现用帛（丝织品）来做书写工具较竹子轻便。但帛是丝织品，十分贵重。《孟子》一书中勾勒的理想社会是：七十者可以衣帛吃肉。由此可见帛是多么的珍稀贵重。汉代虽然生产力已比孟子生活的时代有所提高，但真要是大批大批地用帛来代替竹简，即使贵为天子，恐怕也有点承受不起。

能不能找一种东西既有帛的方便轻捷，又有竹简的便宜实惠，以代替帛或竹简呢？

蔡伦决定试一试。

一个很偶然的机会，蔡伦发现他穿过的一件被扯得破烂的粗布衣服，不知被谁丢在了宫内的一个小水坑里。坑里还有几片破渔网，几段烂树皮。

喜好整洁的蔡伦见了不由皱起了眉头。他想叫人来清理一下，但时间已近正午，小太监们都去吃午饭了，喊了好半天也没有人来。

他决定不再喊人了，自己动手打扫。

四处看了看，他发现了一个捞鱼虫的小浅网，顺手抄过来就往水边走。到了水坑边，蔡伦很认真地把那些东西——碎布、破渔网、烂树皮——全都捞了上来。

把这些东西甩到一边去之后，蔡伦正要把那张浅网放还原处，忽然，他发现，那浅网的底部竟好像有一层薄膜。他顺手一扣，一下子把那层薄膜扣到了一张平板石桌上。

就在这时，一名小太监匆匆来报，说是皇上宣召蔡常侍。

蔡伦一听和帝召见，不知有什么事，赶紧前往。那层薄膜就被他遗忘在石板桌上。

几天以后，蔡伦闲来无事又到此处散步。在石板桌上，他惊奇地发现那层薄膜已变成了完整的一块。他上前轻轻地把这块东西揭起，发现它软而柔，坚而轻。他心里蓦然一动：这莫非就是我所苦苦寻找的东西？

“快拿笔来！”蔡伦激动得有些变调地高声喊道。

小太监见中常侍大人如此激动，哪敢怠慢，赶紧取来了笔。

蔡伦将那块东西铺在了石桌之上，接笔在手，悬腕挥毫，龙飞凤舞地写下了“永元九年”四个大字。

写完之后，已经比较过多种书写材料的蔡伦觉得桌上的这块东西质地柔软，运笔时顺而不滞，“真余梦寐以求也！”蔡伦一激动，不知怎地突然转出一句文来。

该把这种东西叫作什么呢？

蔡伦想了很久，决定给这个东西取名叫“纸”。

“纸”，据《说文解字》这本中国最古老的辞书所说，是“絮——苫也”。另一部工具书《释名》中说“纸，砥也。平滑如砥石也”。

蔡伦给这块一开始被他遗忘在石板桌上的东西取名为“纸”，可能就是觉得其“平滑如砥石也”。

这次偶然的发现，宣告了人类文明史上一次伟大革命的开始。

众所周知，人类的文化、文明知识，其获得途径有二：一种是直接获得，一种是间接获得。我们不可能将每件事都亲身体验一番，但却可以根据前人乃至古人的亲身体会了解其大概；我们不可能遍历四海，洞察古今，但却可以借着别人的眼睛和脚步“观古今于须臾，览沧海于一瞬”。间接经验从何而来？可以口耳相传，也可以通过结绳记事传播，但这些都不是最便捷、最准确的办法。只有以文字的形式记录下来的知识，才可能较准确地久远流传。

纸的发明，使文字书写产生了一个质的飞跃。相对于帛、简，纸不仅轻便，便于书写，而且成本较低。人类文化从少数人的专利进入到寻常百姓家庭终于有了可能。我们今天常称电子计算机的发明引发了一次新技术革命。同样的理由，我们可以毫不夸张地说，蔡伦之发明造纸术，实在可以称得上是掀起了人类文明史上的一次浪潮。

经过几年的摸索和一次又一次地反复实践，蔡伦把造纸的方法加以规范化，总结出了一套被后人至今仍奉为圭臬的工艺流程。

这个流程的第一步是把破布捣碎，浸软，使之变成纸浆；第二步是准备一个木头框的铁丝筛子，并把它放进纸浆里；第三步是轻轻地摇动铁丝筛子，滤掉纸浆里的水，这时，在筛底形成一层薄膜，把这层薄膜放在一块粗布上；第四步是把粗布上的薄膜（此时已变成了纸）晾干取下来；第五步是把取下来的纸张放在胶料里再浸一浸，以使纸张产生光泽。整个工艺流程简明易学，具有很强的可操作性。

公元一〇五年，蔡伦把完善了的造纸法系统化，进呈给当时的皇帝汉和帝，得到了和帝的赞赏。由于皇上的赞许，这种技术很快得到推广。《后汉书·蔡伦传》中说："伦乃造意，用树肤、麻头及敝布、渔网以为纸。元兴元年奏上之，帝善其能，自是莫不从用焉！"当时的人还给蔡伦所造的纸送了一个美名——蔡侯纸。

承讽旨陷害宋贵人 遭报复服毒了余生

公元一〇六年八月，继位不到一年的汉殇帝刘隆（和帝之子）病死。

殇帝无子，当朝太后邓氏与其兄，时任车骑将军之职的邓骘定策禁中，决定扶立清河孝王刘庆的儿子刘祜嗣皇帝位。

为防群臣不服，邓太后亲自颁下一道诏书，先封刘祜为长安侯，然后扶立他登基，是为汉安帝。

嗣位之初，安帝不过是一个傀儡而已，一切事情都由邓太后做主。

安帝登基后的第八年，亦即元初元年（114年），蔡伦被邓太后封为龙亭侯。

汉代的爵位，除了王爵以外，就是侯爵。侯爵一般分县、乡、亭三级，亭侯是最末的一等。不过不要小看这小小的亭侯爵位，汉代许多赫赫有名的人物都曾享有过，比如汉末三国之初的关羽就曾被封为汉寿亭侯，再如汉灵帝刘宏之父刘苌也曾被封为解渎亭侯。

邓太后封蔡伦为龙亭侯的理由是蔡伦“久在宿卫”，而且还加恩诏命蔡伦可以食邑三百户，即收受三百户佃农的租税。

七年以后，永宁二年（121 年）三月，居皇太后位达十六年之久的和熹邓太后病逝。十三岁继位，时年已经二十八岁的汉安帝刘祜如脱樊笼，终于有了一种安全感和解脱感。

多少年来，他一直生活在太后邓氏的巨大阴影里，现在终于可以一展身手，做自己愿意做的事情了。

刘祜要做的事情，主要有两件：一是下令追封自己的本生父清河孝王刘庆为孝德皇帝，本生母左氏为孝德皇后，本生祖母宋贵人为敬隐皇后；另一件事是替其本生祖母宋贵人报仇，逼令时任龙亭侯、长乐太仆的蔡伦自杀。

安帝替其祖母报仇，和蔡伦有什么关系呢?

话还得从三十九年前宋贵人之死说起。

宋贵人是汉章帝刘炟的侍妾。她的远祖宋昌曾经担任过中尉，因功被西汉文帝刘恒封为壮武侯。宋贵人的父亲名叫宋杨，史称“以恭孝称于乡闾”。

宋杨的姑母是东汉明帝明德皇后马氏的外祖母，所以，追本溯源，这位宋贵人还与宫中颇有渊源。就连她本人还有其妹妹两人入宫，也是马皇后推荐的结果。

大约在公元七三年前后，宋贵人被选派到当时还是太子的刘炟的宫中，一开始时“甚有宠”。

公元七六年，刘炟继乃父之位，成为东汉第三任皇帝，是为章帝。宋氏两姐妹一起由东宫进入后宫。

章帝建初三年（78 年），宋贵人为章帝产下一子，取名为刘庆。

刘庆两岁时，被章帝立为皇太子。母以子贵，宋贵人的地位明显上升。

宋氏地位的上升，明显地威胁到了正宫章德窦皇后。

窦皇后原本因为“性敏给，倾心承接，称誉日闻”而被立为皇后。

这位在她那个时代位于女性权力最高峰的女人偏偏不能生育。她见宋贵人一生就生了个儿子，心里很不是滋味。

其母沘阳公主，是东海王刘疆的女儿。她见身为皇后的女儿并不快活，知道原因在宋贵人身上，于是，就雇了一个“私人侦探”暗中侦探宋贵人的得失。

宋贵人哪有什么得失，那“私人侦探”探来探去也没有探出个究竟。就在他即将“鸣金收兵”，回去报告交差时，守卫掖庭的门卫截获了宋贵人的一封信。

信是写给宋贵人的娘家兄弟的。

宋贵人在信中说，她最近身体不好，“病思生菟”——想要吃兔子肉（“菟”通“兔”），请求娘家人设法为她寻上一只。

这本是一封再简单不过的家信，但到了窦皇后和她的母亲沘阳公主的手里，却成了宋贵人的罪状。

“宋氏欲行巫蛊之事。”窦氏向章帝吹风说。

“胡说！”刘炟不信，他反诘道，“有何根据？”

“当然有！”窦皇后拿出那封被截获了的信，得意扬扬地读给皇上听，并不厌其烦地发挥自己的想象，说宋贵人叫人寻生兔子的目的，就是企图用兔子做“厌胜之物”。

俗话说“三言成虎”。章帝的定力再强，也架不住窦皇后“锲而不舍”地猛吹枕边风。久而久之，宋贵人连同她所生的儿子刘庆都失去了皇上的宠爱。

母子的失宠很快就殃及刘庆的太子之位。建初七年（82 年），章帝下诏称“皇太子有失惑无常之性，爰自孩乳，至今益章，恐袭其母凶恶之风，不可以奉宗庙，为天下主”，撤去刘庆的太子职衔，将其幽居承禄观。

窦皇后以“剩勇”追剿宋贵人，“讽掖庭令诬奏前事，请加验实”——这个“诬”字可不是随便使用的，说明这是一件冤假错案。

既是一件冤假错案，说出来必然是很不光彩的，窦皇后也心知肚明。因此，她要找一个靠得住的人去办此事。

负责验案的官员正是本文的主角蔡伦。

蔡伦当时刚刚升为小黄门。他知道，在拔擢自己时，有些人曾从中作梗，是窦皇后帮他说了不少好话。

中国人一向讲究知恩图报，蔡伦良心上的那架天平因之也就倾斜了。

本来，处理后宫贵人应由掖庭令负责。《后汉书·百官志》载："掖庭令一人六百石，掌后宫贵人采女有罪事。"

但当时的掖庭令不肯昧着良心曲意逢迎，事情就交到了负责宫廷监狱兼病房的暴室丞手里。暴室丞是掖庭令的属下，两人颇有些同进共退的义气，亦不肯接手此事。于是，窦皇后找来了蔡伦。

"蔡伦，"窦皇后屏开众人，和颜悦色地问，"这小黄门的位置怎么样？干得还顺心吧？"

"谢皇后的栽培！"蔡伦赶紧跪下叩头。

"免了！免了！"窦氏把手一摆说，"都是自家人，不必如此多礼。"

"不知皇后今天唤小臣来有何训示？"蔡伦问。

"你听说宋贵人巫蛊案了吗？"窦皇后开口就给宋贵人定了案。这巫蛊案可是汉代最为严重的宫廷罪名。

无论是西汉还是东汉，也无论是谁，哪怕她贵为皇后，只要一被指控"行厌胜之事"——搞诅咒别人的巫蛊活动，轻则打入冷宫，重则逼令自裁，家属都要跟着遭殃。

最有名的如西汉武帝刘彻的皇后卫子夫。因与武帝宠臣江充不和，她被江充诬陷为搞巫蛊，结果，被皇上逼迫自杀。其亲生儿子，武帝的皇太子刘据也因不堪受辱而自尽身亡。

蔡伦一听皇后张口就称宋贵人一案为巫蛊案，心头一凛，俯伏在地，不敢抬头。

"蔡黄门，"窦氏的声音突然变得冰冷而没有感情，"我是在问你是否听说过宋贵人巫蛊一案？"

"听……听说过！"

"你不要紧张，我是了解你的。"窦皇后慢悠悠地说，"我准备把这案子交由你去办。你看行不行啊？"

“臣恐怕难以胜任。”蔡伦从本质上来说并不是一个坏人，所以，他赶紧推托。

“唔？”

见皇后脸寒似冰，蔡伦有点害怕。他强撑着胆子找借口说：“臣的意思是说，此类案件一向由掖庭令或暴室丞主管，臣不在其位，恐难谋其政。”

窦皇后的脸色一下子和缓了许多，她说：“只要你按我的意思去办，区区掖庭令算得了什么？”——她还以为蔡伦是嫌官小呢！其实，根本不是那么回事儿。因为小黄门与掖庭令都是年俸六百石，蔡伦才不想被平调到一个吃力不讨好的位置上去呢。

但皇后已经把话说到这个份儿上了，蔡伦就是再倔也得给个面子，何况，自己今后还得在人家手下干呢！于是，他又叩了一个头，字斟句酌地对窦皇后说：“皇后把如此重要的事情交给微臣去办，这实在令微臣感动。臣愚钝，请皇后指示机宜，臣奉令而行就是了！”

“好，”窦皇后把双手一拍，说，“你过来，我告诉你。”

经过窦皇后的一番面授之后，蔡伦的心里有了底。

他回去后，奉令把宋贵人连同她的妹妹小宋贵人一起迁到了丙舍。

丙舍，乃汉宫中正室两边的房屋中最次的。窦皇后命蔡伦把宋贵人姐妹弄到这下等屋子来，说明她当时已存下了必置宋氏姐妹于死地的念头。

史书记载，在这次问案中，蔡伦“承讽旨，傅致其事”——“傅”通“附”，即附会牵强之意。靠牵强附会，加上威胁利诱，蔡伦终于从宋氏两姐妹那里套出了“重要”的口供。

有了窦皇后的面授机宜，蔡伦的问案手段很“高超”。他先问宋贵人是否给娘家写过信，宋答曰写过；又问，信中是否提过要娘家人给弄生兔，宋答有；又问，生兔是不是可以做祭品，宋氏答可以。问到这里，蔡伦突然加快语速，问宋贵人是不是打算用兔子做祭品搞巫蛊，诅咒皇上和皇后，宋贵人一时没有反应过来，竟随口说了一声是。

这一声“是”说出后，宋贵人马上改口，但蔡伦已命人记下宋氏的口供，连问也不再问了，当天晚上就把二宋从丙舍移到宫廷监狱暴室。

就在这天夜里，宋贵人和她的妹妹暴死于暴室。史称是“饮药自杀”，实际上却很可能死于蔡伦或其手下宦官的暗算。

宋贵人一死，宋杨被免职，遣归本郡。

专门干落井下石勾当的扶风郡太守想要陷害宋杨，多亏了好友张峻、刘钧等人的奔走营救，宋杨才免于一死。被贬为清河王的废太子刘庆之所以没有遭遇不测，则得益于皇太子的继任者即后来的汉和帝刘肇的保护。史书载刘肇“特亲爱庆，入则共室，出则同舆”。

虽然刘庆保住了性命，但是经此一案，他在心里恨死了蔡伦。

子报父仇。安帝一直怀恨在心，只是由于蔡伦有邓太后这棵大树，所以才一直隐忍未发。邓太后一死，刘祜就要为祖母报仇了。

其时，蔡伦刚刚完成了邓太后交给他的东观（东汉皇家图书馆）校书的任务，赋闲在家。

安帝的诏书表面上看并不是想置蔡伦于死地，而只是令他“自致廷尉”——自己到主管刑法、审理罪犯的廷尉那里去接受处理。

蔡伦可能此时突然良心发现，也可能觉得难受其辱，“乃沐浴，整衣冠，饮药而死”。

由于宫廷斗争的险恶，一代大发明家竟落得了个如此的下场！

被皇上称作『我父』的太监

——东汉宦官张让

◎宦官五人同日封侯　张让一身遍是解数

◎一名总管能倾大贾　十个常侍本是祸害

◎南宫失火，说帝增税敛财　西园卖官，迫人交钱赴任

◎皇帝以『我父』尊戴　太监用『不登高』欺主

东汉少帝刘辩光熹元年（189 年）八月戊辰日，一直变乱不定的东汉王朝皇宫内又出了一桩大事。

几年来一直把持朝政的外戚、大将军何进不接受典军校尉曹操的建议，执意要招并州牧董卓带兵入京清君侧。结果，君侧没有清成，他自己却反被“君侧”所杀。

“君侧”者，当时的宦官十常侍是也。

这十常侍中，最凶恶、最狡猾的当数张让。

张让，这个“刑余之人”是怎么在险恶的政治斗争中立住脚，并一度被皇上（灵帝）尊称为“我父”的呢？

宦官五人同日封侯 张让一身遍是解数

由刘秀建立的东汉王朝，在中国封建史上并不是一个多么显赫的朝代，但它却给其后近两千年的历朝历代的封建帝王们留下了两股余毒：一是宦官专权，一是外戚干政。

宦官即太监，亦即所谓的“刑余之人”，一般是指经过阉割之后入宫从事服务性工作的男子。外戚则指的是帝王的母族或妻族。

到了东汉末期，尤其是桓帝刘志执政之初，外戚的势力如日中天，把皇帝都压得抬不起头来。刘志是个不甘心当傀儡的皇帝，而当时的外戚首领梁冀又处处不把皇上放在眼里，两人难免要产生各种摩擦。

梁冀这个人，史书上称他是“鸢肩豺目……口吟舌言，裁能书计”（《后汉书·梁冀传》注：口吟舌言，谓语吃不能明了），长得既难看，又有口吃的毛病，但却是多才多艺。据史料上记载，梁冀能挽强弓，会下围棋，还会玩古代的“足球”——蹴鞠。他先后当过黄门侍郎、侍中、虎贲中郎将、越骑步兵校尉、河南尹。

总之是官越做越大，心越来越黑。

梁冀的老爸梁商有一个好朋友名叫吕放，时任洛阳令。这位洛阳令曾经向梁商进言，说他的这位儿子不肖。此事为梁冀本人所知，竟触动了他的杀机。几天以后，吕放暴死于洛阳。刺客系梁冀所派，但梁冀却装出一副悲痛欲绝的神情，一面请求老父任命吕放之弟吕禹为洛阳令，一面把杀人的责任全部推到了吕放的一个仇家身上，并下令把那个仇家的亲族宾客百余人全部捉来杀了。

汉顺帝永和六年(141年)，梁商病逝。梁冀接替乃父被任命为大将军。不久，顺帝驾崩，冲帝嗣立。冲帝不久也死了，质帝接着继位。这位汉质帝刘缵，虽然时年不过八岁，但却是一个难得的高智商。他不满于梁冀的专横，曾经当着众人的面称梁冀为“跋扈将军”。恼羞成怒的梁冀一气之下，竟把他毒死了。

质帝死了之后，嗣位的是桓帝。梁冀不待桓帝刘志把皇位坐稳，就先给他来了一个下马威：害死了深为刘志所尊敬的李固、杜乔等一大群名士，又把汉顺帝的一个名叫友通期（姓友，名通期）的侍妾弄出宫来奸宿。梁冀还“大起第舍”，极尽奢侈之能事。这位身历四朝的大将军当时真个是“老和尚打伞——无法无天”。

以外藩侯爵的身份入承大统，说明刘志并不是一盏省油的灯。确实，他是个城府很深的人。

登基后不久，刘志就接到两份奏报。一份奏报上说，梁冀建了一座方圆数十里的兔苑。兔苑中的兔子都被编上了号，严禁别人私猎。有一个从西域来中原做生意的胡人不知这个禁忌，误杀了一只兔子，梁冀立即命人把那西域商贾杀掉，并因此株连了好几十人。还有一份奏报上说，梁冀曾经因几句闲言碎语就杀死不少二千石级的官员。

看了这两份奏报之后，一个想法在刘志脑袋里成形了。“不去庆父，鲁难未已！”他用一句成语表达了自己所下的决心。

他要对梁冀动手了。

延熹二年的一天，刘志借上厕所的机会，把中常侍唐衡唤到面前，郑重其事地问他谁与后族外戚不睦。

“据臣所知，单超、左悺这两个人因为受过梁冀之弟梁不疑的侮辱，因而恨死了梁冀。另外两名中常侍徐璜、具瑗常常私下里骂外戚当政乃是国家的不幸。陛下不用人则已，倘若想要找人帮忙的话，这四个人，连同微臣定可为陛下效绵薄之力！”

刘志一听，喜出望外，马上派人把单超和左悺呼入密室，推心置腹地对他们说：“梁氏家族专权擅势，迫胁内外，干下了不少无法无天之事。现在，他们打朕的主意，真是是可忍，孰不可忍！朕欲重振朝纲，诛奸佞，不知二位常侍以为如何？”

单超、左悺两人早就从唐衡那里探清了皇上的心思，因此，也就实打实地答道：“梁冀那厮，诚国贼也！臣等对他的所作所为早有不满，只因人微言轻，身单力孤，所以才一直隐忍未发。现在陛下所言，正是臣等想说而未敢说出的话。只是不知陛下有何妙计？”

“朕也没有什么高招，所以只能把这件事交给两位常侍来办！”

“办这件事说易不易，说难不难。”

“此话怎讲？”

“关键是陛下必须下定决心，不除梁冀，誓不罢休。这样臣等也就有了主心骨。”

“朕恨不得食其肉，寝其皮，何狐疑之有！”桓帝又转了一句文。为了增强这几位“干将”的信心，刘志拉过单超的手臂，在他的胳膊上咬了一口，然后歃血为盟。

有了皇帝的全力支持，五常侍放手去干，果然把以梁冀为首的梁家班成员全部收捕，并“悉诛之”。

为了酬谢宦官们对自己的支持，桓帝刘志亲口加封单超为新丰侯、徐璜为武原侯、具瑗为东武阳侯、左悺为上蔡侯、唐衡为汝阳侯。这就是史书上通常所说的“一日五侯”。东汉宦官集团由此崛起并逐渐取代外戚势力，把持朝政。

在这场宫廷政变中，张让已经登场，只不过不是主角而已。

不是主角并不意味着他所做的是不重要的工作。

有一本海外华人撰写的太监秘闻中说，张让因参与诛杀梁冀家族而被封为都乡侯，并说张让之所以能够飞黄腾达，乃是因为他是桓帝刘志的男宠。这些，都是于史无证的。

在《后汉书·宦者传》中，我们发现，因参与诛杀梁冀而被封为都乡侯的是赵忠，而非张让（《后汉书》原文：忠（赵忠）以与诛梁冀，功封都乡侯），而且没有发现任何刘志与张让有特殊关系的记载。

其实，张让之崛起，是在灵帝当权之时。

灵帝姓刘名宏，是当时的解渎亭侯刘苌之子，在东汉皇族中属于远支。按照常理，他是无望继承大统的。那些宦官在他入宫之初，也根本不把他这个皇帝放在眼里。

是张让，也只有张让，在灵帝最需要有人为他捧场时不遗余力地跑前跑后，给灵帝以温暖，还灵帝以自尊。

还是在光禄大夫刘修持节到解渎亭迎接刘宏，并把他接到洛阳城北夏门外的万寿亭时，别的人一见接来的是一个“嘴上无毛”的小娃娃，不由得都心存轻视。只有奉命前去服侍刘宏的张让纳头拜倒在地，口里连呼“吾皇万岁，万万岁”，并对刘宏毕恭毕敬。

到了皇宫以后，年方十二岁的刘宏有些想家，张让想千方设百计地学会了定州话（解渎亭在今河北定州附近）。听说刘宏爱玩狗，爱驾两头毛驴拉的小轩车，张让就托人找来了各种各样的狗，并让人专门订做了一辆小驴车。

登基以后，刘宏要出席各种各样的大型仪式，诸如谒高祖、世祖庙，再如，要授意臣下追尊刘宏的三代，并把刘宏的亲生母亲董氏从定州老家接来。这些工作，有的刘宏不熟悉，有的不便于自己张口，张让都替他办得妥妥帖帖。

《诗经》中有“投我以木瓜，报之以琼琚”的说法，刘宏又不是冷血动物，手中的权力虽然不如远祖刘秀那样大，但安排一个张让，那还不是手到擒来的事？这样，不到一年的时间，张让就由一个普普通通的小黄门被提拔为中常侍，并被封为列侯。

一名总管能倾大贾
十个常侍本是祸害

到了灵帝执政的中期，张让的权势又有明显的增长，晋升为十常侍之首。

十常侍中的“十”并非实指，而是“言成数以表其多”。当时，经常在御前行事，深得灵帝宠爱的大宦官有十二个。这十二个人是张让、赵忠、夏恽、郭胜、孙璋、毕岚、栗嵩、张恭、段珪、高望、宋典、韩悝。他们都被刘宏任命为中常侍。

这十二个常侍中，只有张让在《后汉书·宦者传》中占了一席之位，其余的夏恽、郭胜以下的十人根本“上不了台盘”。即使是资历比张让要老得多的赵忠，也只是附在张让的传中。可见，张让在当时影响力多大。

台湾史学家郭衣洞（笔名柏杨）先生在仔细研究了东汉时期的宦官制度后，得出以下数项结论：

一、宦官是自卑的，因为他们没有生育能力；

二、宦官没有高深知识，因为他们没有机会接受高等教育；

三、宦官多少都怀着对常人的仇恨和报复心理，因为他们曾因贫苦而被阉割；

四、宦官缺少远见和伟大的抱负，因为宫廷生活极度狭窄和现实；

五、宦官缺少节操，因为宫廷轻视节操，有节操的人在宫廷中不能生存。

这几点结论还是比较全面的，不过仍应加上一条，那就是他们一旦握有一定的权力之后，会不择手段，日以继夜地滥用手中权力。

当上了十常侍之首的张让就是一个深谙“有权不用，过期作废”的人。

不必说他如何贪赃枉法，也不必说他如何卖官鬻爵，单是他手下的一个总管家奴，其作威作福的程度就已远远超出了人们的想象。

据史料记载，由于张让最得灵帝宠信，所以一些想步入仕途的投机分子便试图走他的“终南捷径”。每天从早到晚，张让的府邸前都人山人海。这些人仿佛家里都开了金矿、银矿似的，争相比阔，你给张公公送一百两白银，我就给张公公送一千两黄金。

对这些东西，一开始时张让还能看上眼。到了后来，他的品位就高了起来。每天十分之九的人都被他拒之门外。

这可急坏了那些钻营家们。

于是，各种各样的鬼点子就被他们“钻”了出来。

且说有个叫孟佗的扶风大贾，钱挣足了，想讨个官当当，于是带着大批的金银财宝在张让府前恭候了一个多月，却连张府的门都没能跨进去。人急智生，他很快想出了一个高招。

扶风在今陕西宝鸡市东，自古就是文人荟萃之地，赫赫有名的《汉书》

撰著者班固就生于斯葬于斯。孟佗不知从哪里探听来的消息，得知张让府上的总管也是扶风人，于是，不惜降低身份，花重金倾全力与之结交。

这种结交一开始是极其“神圣”的，仿佛不沾一点人间烟火：孟佗的钱只要是张府的家奴，尤其是总管尽可敞开花；孟佗的车马只要是张府的家奴，尤其是总管尽可以敞开用。

一来二去地，那些目空一切的张府家奴们都有些不好意思了。

“孟先生，”有一天，实在憋不住了，张府总管问孟佗，“您老人家真是个孟尝君！您对我们这么好，我们都不知道该怎样报答才好。您要是有什么事需要我们帮忙的，尽管说，我们都在所不辞！”

“其实，也没什么大事。”孟佗故意轻描淡写地说。

“您是不是想拜见张公公？”

“不是。”孟佗断然否认道，“我若是想见张公公，就自己在外面等了。”

“那您……”

“我只想劳烦总管，在我经过张府时，领着手下的众苍头（奴仆）拜我一拜！”

“这还不是小菜一碟！”那位总管觉得孟佗的要求太低了。拿了人家那么多的东西，他都觉得有些不好意思，于是，又情真意切地补上了一句：“不用说一拜，小人还可以命人把先生连人带车子都抬进张府里去！”

孟佗强按心中的喜悦，他要的正是这句话。

几天以后，张府门前又是车水马龙。已经是午饭的时间了，孟佗鲜衣高车，一副上等人打扮，好像是路过此地的样子。

早就约好了的张府总管带着府上所有的家奴，大开府门，分开熙熙攘攘的人群，一阵风似的来到孟佗的车前，在众人惊异的目光中对孟佗纳头便拜。总管恭恭敬敬地说：“孟先生，听说您今天路过此地，小人特意带了众苍头在此恭迎大驾，请先生千万赏光，务必到里面一坐！”

“我今天还有事，改天再说吧！”孟佗假意推托道。

“那可不行，您今天无论如何也要赏光吃顿便饭！”那位总管假戏真做地说，“眼看就要正午了，您到哪里也得吃饭啊！”

"这……"

"快！"总管对手下家奴命令道，"着几个人前面开道，我们把孟先生抬进去！"

他倒是说干就干，人多力气也大，真的把孟佗连人带车给抬进了张让的府里。

这一抬不要紧，一下子就把孟佗的知名度给抬起来了。在张府门外削尖了脑袋求见的人"咸惊，谓佗善于让"——都大吃一惊，认为孟佗一定是张让的好朋友。这也难怪，迄今为止，他们还真没有见到哪个人受过如此高的礼遇。

那些张府家奴，平常是阴阳怪气的，一副"主多大，奴多大"的神情，对于求见张让的这些人动不动就申斥几句，很难有个笑脸。

"巴结张让不容易，为什么不换个方式去巴结张让的好朋友呢？"许多人的脑海里差不多同时出现了这个念头，于是，"皆争以珍玩赂之"——这些人全都像孝敬张让那样，争先恐后地把各种奇珍异宝送给孟佗。

孟佗真不愧是"大贾"——大商人。这笔"生意"他大大捞了一票。

那些人送来的东西，他拣值钱的留了几件，其余的全部拿去送给了张让。这种借花献佛的主意打得好，但可惜一开始并没有马上奏效。

前面我们已经说过，现时一般的珍宝已经不被张让放在眼里了。张府的总管把这一情况告诉了孟佗。

孟佗想了想，决定打出最后一张"王牌"：给张让送酒。

酒算什么奇珍异宝？在所有的日常消费品中，酒恐怕是最早出现在古老的中华大地上的。

且不说大禹造酒的传说，也不说夏桀、商纣挖酒池的野史，单是在"五经"之一的《诗经》中"称彼兕觥，万寿无疆"之类的有关饮酒的记载就随处可见。

孟佗怎么会这么蠢？难道张让会看重他送去的酒？

孟佗其实一点也不蠢。张让偏偏十分欣赏孟佗送去的酒。因为这酒不是一般的酒，而是当时在中原极为罕见的葡萄酒（当时称为"蒲陶酒”）。

《辞源》中“葡萄酒”辞条下云：以葡萄汁制成之酒也，有数种。不去皮者色赤，为赤（红）葡萄酒，能除肠中障害；去皮者色白微黄，为白葡萄酒，能助肠之运动；别有一种葡萄，产西班牙，糖分极多，其酒无色透明，谓之甜葡萄酒，最宜病人，能令精神速复。按：中国汉、唐时已有葡萄酒，亦来自西域。这些说法都是有一定道理的，但这部辞书下面所说的“唐破高昌，收马乳蒲陶实，于苑中种之，并得其酒法”却往往为人们所忽略。这句话给我们传递了一个关键信息，即葡萄酒的酿造之法在唐代传入中原。

在此之前，张骞通西域将葡萄酒和葡萄引进了中原。之后，虽然中原也有葡萄酒，但却非常少见，更是难得。东汉时代，制造葡萄酒的方法仍没有传入中原，所以，在当时人的眼里，无论是红葡萄酒，还是白葡萄酒，都无异于仙液琼浆。张让虽然贵为宫中太监首领，但他也一直无缘得尝，现在见孟佗一下子就送了他一斗葡萄酒，不由得喜出望外，“遂以佗为凉州刺史”——立即任命孟佗为凉州刺史。

公元一八四年，河北钜鹿人张角、张梁、张宝兄弟三人以太平道教徒为基本，发动了一场民变。朝廷屡禁不绝，屡剿不平。

一个名叫张钧的人上书给灵帝，认为“张角所以能兴兵作乱，万人所以乐附之者，其源皆由十常侍多放父兄子弟、婚亲宾客，典据州郡，辜榷财利，侵掠百姓。百姓之冤无所告诉，故谋议不轨，聚为盗贼”。因此，他建议皇上“斩十常侍，悬头南郊，以谢百姓。又遣使者布告天下”，这样便“可不需师旅而大寇自消”。

这位张钧是河北中山人，时任郎中之职。在当时的那种社会氛围中，他能有这样的见地，实属难能可贵。可惜，他没有遇上一位好皇帝。更可惜，他所弹劾的人像狐狸般狡猾、狮子般凶狠。

先说那位灵帝刘宏，他一接到张钧的奏章，看都没来得及细看，就把它给了张让。张让可看得很仔细，一边看，一边在心里苦寻对策，等看完了，主意也想出来了。

他命人传来另外几名大太监，如此这般地和他们交待了一番。

此时，赵忠已死。夏恽、郭胜等人平日里欺压小太监、糊弄皇上还算得上是一把好手，但若是叫他们参与军国大事，那可真是难为了他们。所以，他们都唯张让马首是瞻。

张让出的计策是以情感人，以哀取胜。

在他的授意下，十常侍“皆免冠、徒跣顿首，乞自致洛阳诏狱，并出家财以助军费”——全部把帽子摘了，披散着头发，不穿鞋子光着脚，请求皇上将自己下狱，并声称愿意拿出自己的财产来做军费。

这一连串的举动迷惑了灵帝，也感动了灵帝。他立即下令不准任何人对张让等人进行任何形式的诬陷，并下诏书，抚慰张让等人，请他们“皆冠履视事如故”。

那位郎中张钧，见一道表章没能弹劾得了十常侍，立即又上了一道。这次灵帝发火了，他咆哮着说：“张钧这厮真是个疯子！老写些捕风捉影的东西来干扰朕。他口口声声说十常侍有多坏，难道十常侍中就没有一个好人吗？真是居心叵测！”

张让见时机已到，立即开始反扑。他一面挑唆皇上把张钧下狱，一面指使廷尉（司法官员）诬称张钧才是真正的黄巾同党，根据是他曾学过太平道。张钧最终被活活打死。

说来也巧，就在张钧事件之后不久，十常侍手下的两名大宦官封谞、徐奏因勾结打着黄巾军旗号到处烧杀掠抢的盗贼而被捕下狱，而且封、徐两人对其所犯罪行供认不讳。

灵帝刘宏这次可有些生气了。他派人把张让叫来，怒气冲冲地质问道：“你经常说党人（即当时朝中文臣，如张钧等）想要图谋不轨，屡次三番请我下令对他们实行禁锢，甚至还杀了好几个。而现在黄巾贼起，在前方出生入死为国家效力的都是党人，你们手下的这些常侍们反倒与黄巾贼党相勾结，这该怎么解释？”

这事是不怎么好解释，但张让却自有应对的办法。

“回陛下，”张让煞有介事地回答说，“封谞、徐奏这两个人一向与臣面和心不和。他们都是不久前伏诛的中常侍王甫、侯览两人的余党。”

轻轻一句就骗过了刘宏。因为死人已无法对质，而且刘宏也知道侯、王二人曾经任职过后宫太监首领，收了不少徒子徒孙。所以，这件事也就不了了之了。

南宫失火，说帝增税敛财
西园卖官，迫人交钱赴任

灵帝中平二年（185 年）二月己酉日，东汉皇宫内的南宫突然起了一场无名大火。据《续汉志》上记载，这场大火烧得很猛，把宫内的灵台殿、乐成殿都夷为了平地，而且还波及北阙，漫过皇宫中央大道，把道西的嘉德和欢殿也给烧了。

自从公元二五年刘秀定鼎洛阳，一百多年间，宫中从来没有像这次这样狼狈过。

烧了房子就要重建，这是常识，但建房子的钱到哪里去筹措呢？

要知道，其时的东汉王朝早已不是光武中兴的时代，外敌入侵、贿赂公行、中饱私囊，把本来就不充足的国库弄了个阮囊羞涩。

就在灵帝一筹莫展时，张让前来献计献策了。

有一天早朝后，灵帝回宫，路过乐成殿的遗址时忍不住停下来发呆。张让见状，忙上前进言说："陛下莫非仍在为修复宫殿一事发愁？"

"愁有什么办法？"

"臣有一计，可使陛下不花一分钱，就能再住上比以前更漂亮的宫殿。"

"说说看，是什么锦囊妙计。"

"臣的主意就是向天下人募捐。"

"怎么个募法？"

"现在天下有田近百万亩，每亩于庸调之费以外再多加十钱，可得钱近千万……"

"欲修复南宫，千万钱恐怕不敷所支！"刘宏未待张让说完，就打

断了他的话。

“容臣细禀，”张让一副胸有成竹的样子，“这个千万钱乃是人工费，修复房屋所用的木材和石料等物可令太原、河东、狄道诸郡供应！”

“这还差不多！”刘宏听到这里点了点头说，“就这样定了吧！”

一向不谙外事的灵帝可能根本没有想到，他这一点头，又给张让等人创造了一个绝好的赚钱机会。

熟悉宋代花石纲的人一定不难想象张让等人是如何敛钱的。

且不说每亩多加的那十文租税钱，单是木、石材料一项就已经使张让等人赚得盆钵满罐了。

原来，各郡县送来的木、石等物在京师需要有专人保管。这些不入品级的“保管员”都是张让手下的心腹太监和家奴。他们秉承张让的旨意，对那些送货人采取“一骂二压三杀价”的策略。

当那些人辛辛苦苦把木、石等建材运抵京师时，张让的手下不管三七二十一就是一顿“谴呵”——臭骂。他们骂过之后看那些木材、石料时则常常以多为少，等到数量估摸出来之后，又拼命杀价，“强折贱买，十分顾一”——原价十钱只给一钱。

如果送货人固执己见，不吃他这一套，那么，张让就会命令手下的宦官拒不接受所送来的木材，任凭那些费了九牛二虎之力才运到的木材腐烂。

由于张让等人专以敛钱为目的，所以那几座被烧毁了的宫殿一直没能修好。

当灵帝刘宏查问此事时，张让又信口胡诌说千万之钱不敷使用。

“那怎么办？”刘宏问。

“当然不能再在租税上打主意，可在皇城的西园设专人卖官。”

“卖官？”

“对，确切地说是卖官位。”张让把肚子里的打算和盘托出，“现在不是有许多人想当官而没有门路吗？让他们拿钱来买路好了。小郡一千万，中郡二千万，大郡三千万，交钱换印信。不交钱者不得官！陛下以为如何？”

那还能如何？既然是张让说的，那当然是可行的了。于是，凡是打算赴任者都要“先至西园谐价然后得去”。交不出钱者轻则受到申斥，重则被逼自杀。

这可不是耸人听闻。

当时，有个名叫司马直的河内人，刚刚被任命为钜鹿太守，因为交不出张让勒索的二千万钱而“辞疾不就”。但执掌西园的宦官偏偏要找他要钱，而且，还强迫他就任。司马直被逼无奈，行至河南孟津时上书极陈当世之失、古今祸败之戒。其上书中有“为民父母，而反割剥百姓，以称时求。吾见不忍也”之类的话，结果自然是被张让扣下。

为了显示自己的“人道”，张让的部下建议破例开恩少向司马直要三百万钱，张让当即予以拒绝，并另派亲信前去逼“债”。

司马直被逼无奈，只好吞药自杀。

皇帝以“我父”尊戴
太监用“不登高”欺主

还是刚刚入主皇宫时，灵帝刘宏就在心里暗骂他的前任愚不可及，怪他们当了皇帝却不会捞钱，真是一群“天字第一号”的白痴。

刘宏为什么如此看重钱财呢？

《后汉书》上的解释是因为他“家宿贫”——家里一向很穷。

这个解释充其量只是一个外部原因。刘宏毕竟出生于一个侯爵之家，瘦死的骆驼比马大，再穷也不会像一般的黎民百姓那样贫苦。生性贪婪才是刘宏嗜财如命的根本原因。张让正是摸透了刘宏的这个脾气，才在每一次搜刮后都将所得中的最大一份送给皇上。

这种利用行政手段亦即利用手中权力赚钱的办法当然非常奏效。灵帝最喜欢的白银像流水一般“哗、哗”地涌入了自己的“小金库”。他高兴得简直不知说什么才好。

有一天，当张让的手下奉张让之命又为皇上送来一大笔钱时，灵帝再也找不到更感激的话表达自己的激动心情，一着急，竟顺嘴冒出了一句："张常侍可真是我的父亲啊！"

这句话虽然不长，但所包含的分量却是很重的。无论是在此之前，还是在此之后，确实没有哪个皇帝把一个太监称作"父亲"的。有名的大太监，如唐代的高力士，他最被玄宗李隆基宠信时，也不过被太子李亨尊称为兄（二兄）而已！

按理说，皇上这么尊宠他，张让应该感恩戴德，知恩图报才对。但张让却把皇上当成一个玩偶，像耍猴似的整天耍来耍去。

有一天，灵帝闲来无事，登上宫中的永安侯台。

这永安侯台建在永安宫中，乃是当时皇宫的一个至高点。从这里登高远望，可以看到整个皇宫乃至全城诸般景色。就在灵帝气喘吁吁地爬到台顶，准备一览城中诸景时，忽听台下有人高声喊道："陛下，陛下，请留步！"

灵帝回头一看，原来是张让。他不解地问："张常侍这么着急喊我有什么事吗？"

"陛下，请您快下来，臣有事启奏！"

"干吗要我下去，你上来不就行了吗？"

"陛下，这里面有一个重大的讲究，您无论如何也要下来听微臣解释！"

见张让说得如此坚决，刘宏也没了主意。他想了想，"噔、噔、噔"地走了下来。

见皇上走下台来，张让的心里暗暗松了一口气。他急速地调动头脑里的知识，欲寻找一条请皇帝"下台"的理论根据。想来想去，一本以前看过的谶纬书《春秋潜潭巴》中的两句话浮现了出来。

"对，就用这两句话来应付皇上！"张让暗暗在心里告诉自己。于是，他整了整衣冠，翻身拜倒，说道："天子不宜登高，登高则百姓就要虚散！"

"这话从何而来？"

"乃上天所降的《春秋潜潭巴》一书所载，陛下千万不能不在意啊！"

一听是上天仙书所言，灵帝立刻就信了。他一点也没有怀疑张让是在骗他。

张让为什么要骗皇上呢？这里面有一个不可告人的秘密。

原来，经过常年的搜刮，张让聚敛起大笔的财产。这些财产除了一部分被他挥霍掉之外，有相当大的一部分被他用来整修自己的宅邸。其他得宠的宦官也不列外，在皇宫之外大修豪宅。《后汉书》载："宦者得志，无所惮畏，并起第宅，拟则宫室。"

这些全都是瞒着皇帝干的。张让当然不是傻瓜，他知道，灵帝也不是白痴，一旦灵帝登上宫中的高台，他一定会发现皇宫之外还有很多"皇宫"。俗话说"一天难有二日，一国难容二主"，更何况外面还有这么多。到时候灵帝给自己加上一个"僭越"的罪名，那还了得啊！所以，他情急智生，随口说出了一本谶纬之书《春秋潜潭巴》来，用神的旨意来阻止灵帝的高台之行。

至此，差不多终灵帝一生，这位堂堂的"天之骄子"也再没有登上过高台。

公元一八九年四月，执政二十二年之久的灵帝刘宏突然病死。张让等人扶立灵帝的儿子刘辩嗣位，是为少帝。

少帝之母舅、灵帝夫人何太后之兄何进虽然出身微贱，但也想尝尝掌权的滋味。

张让一向与何太后不睦，也根本不把何进放在眼里。外戚和宦官之间的矛盾再一次激化。

大将军何进——何太后的哥哥，为了除去张让等人，接受了当时任中军校尉之职的袁绍的建议，矫诏调并州牧董卓人京。那董卓是陇西临洮人氏，少有材武，长大从军，以功勋立，早有人控中枢之心。现在见何进给了自己这个机会，他如何不喜。于是，董卓一声令下，统带本部兵马杀奔洛阳，并一路上沿街张贴露布。上曰：

巨伏惟天下所以有逆不止者。各由黄门常侍张让等侮慢天常，操擅王命；父子兄弟，并据川郡，一书出门，便获千金；京畿诸郡，数百万膏腴美田，皆属让等。至使怨气上蒸，妖贼蜂起。臣前奉诏讨于扶罗，将士饥乏，不肯渡河，皆言欲诣京师，先诛阉竖，以除民害，从台阁求乞资直（值）。臣随慰抚以至新安。臣闻，扬汤止沸，不如灭火去薪，溃痈虽痛，胜于养肉，及溺呼船，悔之无及！

这篇露布连同董卓起兵的消息一起，很快就传到了洛阳。张让等人听了，决定先下手为强：诛杀何进，斩断内勾外连的那只黑手。

八月庚午日，张让派人假传太后懿旨，请大将军何进进宫议事。

一向不把宦官放在眼里的何进不虞有他，大大咧咧地带了几个随从就应召前往。正沉浸在并州军马到来后诛除群阉，从此权归一己的美好幻境中的何进，一点也没有注意到每过一道宫门，他的随从就要被扣住几个。等到了太后的寝宫门外时，他已成了孤家寡人。猛一抬头，脸寒如冰的张让领着几十个身高马大的黄门宦官堵住了他的去路。

“何进，你知罪吗？”张让趾高气扬地问道。

“知罪？笑话，我何罪之有！”何进虽然知道眼前的形势凶险无比，但他还是口气很冲地反诘。

“你勾结黄巾余孽，擅引外臣带兵入京，图谋不轨。今天又无诏闯宫，已犯下了十恶不赦的大罪！”张让色厉内荏地吼道。

“一派胡言！”何进对张让的这番信口雌黄十分反感，据理力争说，“什么擅引外臣？什么无诏闯宫？真是欲加之罪！不是你张常侍派人传太后的懿旨给我，命我火速入宫的吗？”

见何进一语道破其奸计，张让有些心虚。他猛地一挥手，高声喝道：“快把这个反贼给我拿下！”

何进虽然没有出入过沙场，但毕竟也是武将，加上又是屠夫出身，自然不会老老实实地俯首就擒，双方厮打了起来。但终究双拳难敌众手，好虎架不住群狼，何进很快就被捆翻在地。

有人说要押着何进去见皇上，张让恶狠狠地说：“你们是不是都不想活了？见了皇上，何进的嘴可不是吃素的！他若是一开口，矫诏的事情给抖搂了出来，死的不定会是谁呢！”

“依张公公的意思？”众黄门齐问。

张让做了个砍头的手势，淡淡地说：“砍了算了！”

“若太后问起？”

“太后问起，我们就说乱军作祟，大将军不幸殉国！”

“公公的主意真高！”

何进就这样被砍了头。

杀了何进，并没有保证宦官们的安全。何进的亲信袁绍等人鼓噪进宫，声言要替何大将军报仇。袁绍等人这次是有备而来，张让手下的小黄门哪里是他们的对手，一路上节节败退。

见大势已去，张让“三十六计——走为上”，决定立即裹胁少帝出宫，用少帝做人质。

由于是仓皇出逃，这一行人包括皇帝在内都是步行而出的。

他们一行走的是谷门。逃出谷门后不久，后面人声鼎沸，袁绍领着数百精兵一路呐喊着追杀上来。

前面就是黄河了，倘若过了黄河，后面的袁绍就拿宦官们奈何不得了。

也许是天意，以往黄河岸边总有几条船以备皇家成员选用，但今天，偌大的一个孟津渡口，却连一条船的影子也没有。

后面的追兵越来越近了。

有人建议把刀架在少帝的脖子上，拿他做人质，不许追兵靠近。

张让没有采纳这条“妙计”。是不是他突然“良心发现”了呢?

正史著作，如《后汉书》上并无解释。一本非正式史书《献帝春秋》为我们揭开了这个谜底。

原来，除了袁绍、卢植等人率领的追兵以外，还有一支由河南中部掾闵贡（姓闵，名贡）率领的小部队。他们是骑兵，所以跑在了其他追兵的前头。由于闵贡与张让等人素无矛盾，所以，张让等人对闵贡及其部下也没多加提防。

两股人马会合在一起之后，少帝又饥又渴。闵贡说他带有干粮，借机靠近到少帝的身边。一俟少帝的安全有了保障，闵贡一个眼色，他手下的几十个骑兵一个个都弯弓搭箭，瞄准了眼前的这些宦官。

这时，闵贡说话了：“你们这群刑余之人，以阉宦之隶，刀锯之残，竟越从污泥，卖弄国恩。胁迫皇上，荡覆王室，假息漏刻，游魂河津。从打王莽弄权以来，还没有哪个乱臣贼子像你们这样胡作非为，胆大包天的呢！后面的追兵已近，正义之师就要来临。袁本初、卢尚书都是疾恶如仇的人，这一点想必你们都已经听说了。因此，摆在尔等面前的路只有两条，一条是自我了断，另一条是等候袁本初等人的宰割。何去何从，你们自己选择吧！”

张让听了闵贡的这番话，觉得理都让对方占去了，而且皇上还在人家手里，自己已不能有所作为了。思来想去，他觉得确实只有两条路可走，而且，以自己的声望、身份，还是走第一条路为上策。

于是，他牙一咬，脚一跺，作出一副慷慨赴死的神情，对少帝说道：“陛下珍重，臣等就要去了！”

言毕，“投河而死”——以自杀结束了他的一生。

娶妻养子的太监

——北魏宦官刘腾

◎ 待时而动欲告密
欲壑难填做证人

◎ 一人得道，妻、子升天
二度告密，害人不浅

◎ 三度害人，幽闭太后
四年得意，左右逢源

太和二十二年（498 年）九月甲辰日，北魏孝文帝元宏在悬瓠（今河南汝南县）的临时驻地歇息。

这天夜里，从京城洛阳来了两拨不速之客。

一拨是孝文帝的妹妹陈留公主及其侍从；另一拨是几个宦官，为首的是一个名叫刘腾的中黄门。

陈留公主是来向哥哥孝文帝元宏告状的。她告的是她的嫂子，当朝皇后冯氏。据这位金枝玉叶的千金公主说，皇后不守妇道，与宫中执事（并非宦官）高菩萨有染。

这个消息很令元宏吃惊，他无论如何也不相信皇后会与人通奸。

他需要旁证。

想要旁证，马上就有。

谁来做这个旁证？

刘腾。

刘腾是怎样作这个旁证，从而导致冯皇后被幽禁而死的呢？他为什么要这样做？此前和此后，他又做过些什么？

待时而动欲告密 欲壑难填做证人

要说刘腾，先得从他指证的北魏孝文帝皇后冯氏说起。

孝文帝元宏有好几位皇后。这为数不少的皇后中有两位同姓，都姓冯，都是当时的太师冯熙的女儿。

这对姊妹花的命运都先泰而终否，姐姐大冯被幽禁而死，妹妹小冯生前被废，到尼姑庵里落发为尼。大冯史称孝文幽皇后，小冯史称孝文废皇后。

刘腾陷害的是大冯，即幽后。用陷害这个词可能有点不准确，因为幽后确有为人诟病之处。

她十四岁入宫，因为“有姿媚”，所以，很快就得到了孝文帝元宏的宠幸。不久，因一场大病，幽后被姑母文明太后冯氏遣回家中为尼。一年以后，文明太后驾崩，孝文帝舍不下幽后，派人命她还俗，并把她重新接入宫中。

这次回宫，幽后出落得别有一番风韵，空间上的距离和时间上的阻隔，增加了皇上对她的情爱。很快，这位大冯就被立为左昭仪，地位仅次于皇后。但是她对自己的地位仍然不满意，于是处心积虑地在孝文帝面前诋毁自己的妹妹——时任皇后的小冯。不久，小冯被废，大冯如愿以偿被立为皇后。

当了皇后之后，大冯身上的一些弱点和缺点就逐渐暴露了出来。而孝文帝本人又一心致力于开疆拓土，日夜谋划北讨南征，把这夫妻敦伦、闺阁秘情渐渐地弄得有些淡然。

冯氏虽然贵为天下之母，但却常常一个人独守深宫，天长日久渐渐耐不住寂寞。这时，一个名叫高菩萨的人不失时机地闯入了她的生活。

高菩萨是中官，《魏书》中无传，想必是吕不韦之流的人物。他之得幸于冯氏，估计定有某些“特殊才能”。

一开始，冯氏与高菩萨还是私通。等到孝文帝出征汝南时，他们竟“公然丑恣”——肆无忌惮连人都不怎么背了。

为了封住皇上的耳目，冯氏开始收买宫中的宦官。

冯氏第一批选定的收买对象有三个人。这三个人一个是双蒙（姓双名蒙），一个是剧鹏，还有一个就是刘腾。

双蒙和剧鹏当时均任中常侍，而刘腾则是中黄门。

这三个人对于冯氏的收买采取了三种不同的态度。

双蒙接受了冯氏的收买，而且很快就成为冯氏的心腹，为冯氏与高菩萨之私通大开方便之门。

剧鹏则拒不接受收买。他上书劝谏冯皇后，要她自重，见没有收到预期的效果后，愤而自杀。

刘腾可不像双、剧那样立场明确。他既不肯公然地表示愿为皇后效力，也不明确反对皇后与人私通。俗话说“咬人的狗不露齿”，刘腾在悄悄地等待时机。

时机终于来了。

孝文帝的妹妹陈留公主早年由孝文帝做主，嫁给了投降北魏的原南朝刘宋皇族宋王刘昶的儿子为妻。不久，刘昶之子突然病故，陈留公主成了地地道道的寡妇。

北魏时代，没有寡妇“饿死事小，失节事大”的说法，何况陈留公主又是皇上的妹妹。所以，当时有很多人打她的主意。

幽后冯氏也想插上一手。这位皇后娘娘要把小姑子嫁给自己的亲弟弟冯夙。

冯夙时封北平公，是个不学无术的纨绔子弟，陈留公主对他很不满意。因此，此事屡提屡止。

等到孝文帝南征，朝中留下幽后主政时，她不顾陈留公主的反对，硬把公主嫁给了自己的亲弟弟。

新婚之夜，这位陈留公主拒与冯夙同房，双方僵持了好长时间。幽后最后竟要对公主动武。

一个风雨交加的晚上，陈留公主带着十几名随从“乘轻车、冒霖雨”逃出了洛阳。九月甲辰日，他们一行来到了孝文帝驻跸的悬瓠，“自陈本意，因言后与菩萨乱状”。

就在陈留公主出走的次日早晨，刘腾通过安插在冯府的亲信，得知公主出走。经过分析，他觉得公主此次负怨南行，肯定是要去告冯皇后的状。自己身为中黄门，虽然没有给冯皇后与高菩萨私通大开方便之门，但也没有采取过什么行动证明自己对皇上的忠心，无功就是有过，现在只能争取主动。要争取主动，就要想法和皇上站在一起，公主南奔是个机会，也是个挑战和考验。

刘腾决定接受挑战和考验，押上一宝。想到这里，他立即装模作样地拿上几份群臣的奏章，说是奉皇后的命令，有紧急公文要送呈皇帝审阅，骗开宫门、城门，快马加鞭，倍道兼行，终于和陈留公主先后来到了悬瓠。真是“福至心灵”！

孝文帝听了妹妹的话，正在那里犯疑呢，忽听手下人禀报，说中黄门刘腾从京师赶来，有重要军情汇报。

“刘腾？”孝文帝自言自语道，“他来干什么？”

号称博闻强记，对一切事情都肯留心的孝文帝元宏，对宫中每一个大太监脑子里都有印象。根据他的记忆，刘腾是南兖州谯郡人氏，幼时因触犯刑律被没入宫廷，从一般的小太监做起，先后做过小太监、小黄门，不久以前，刚刚升任中黄门。据说皇后对他颇有好印象。

“叫刘腾来核验一下陈留公主所说的话，恐怕不会有什么出入！”元宏暗暗地想。

于是，他马上派人宣召刘腾进见。

见自己一到，皇上就叫“起”（接见），刘腾心里有了点谱。

到了皇上面前，谈了些公事以后，刘腾假意要告退。

孝文帝可不想让他走。他挥了挥手，把左右的人全“轰”了出去，然后开口便问：“听说皇后与高菩萨有染？你可知道此事？”

早就权衡好利弊的刘腾知道皇上对皇后早就起了疑心，自己此时不过是起个验证作用。倘若不趁这个机会洗清自己，将来定会招致杀身之祸。

于是，“具言幽后私隐，与陈留公主所告符协”——把幽后的事向皇帝一五一十地作了禀报。由于所述事情基本属实，所以，倒也和公主所说的没有什么两样。

孝文帝听了震怒，但表面上仍是不动声色。

几天以后，元宏突然驰回洛阳，以迅雷不及掩耳之势将高菩萨、双蒙等人逮捕。经过一番刑讯，尽得奸情，于是下令幽后进见。

当幽后到来之时，元宏命亲信太监仔细搜查皇后的衣服，他怕皇后怀藏凶器，对他不利。实际上在幽后进来之前，元宏就已下过命令：倘若从皇后身上哪怕是搜出寸刃，就立刻将皇后斩首。

幽后倒没有谋害亲夫之意。一听说情夫被捕，她已经吓得七魄出窍，及至到了皇上跟前，早就像猫一样地温顺了。

孝文帝气哼哼地问幽后：“你知道朕今天叫你来干什么吗？”

“臣妾知道。”

“既然知道，那你就从实招来吧！”

“我不能说。”

“为什么？”

幽后用手一指左右的人，说：“请皇上先叫这些人回避！”

孝文帝一听，有些恼怒，刚想发火，旋即又控制住了，他也不想让下人们知道自己的老婆偷人。于是，他挥了挥手，示意侍从们退下。

幽后仍是不开口。

这回孝文帝可真的火了：“刚才你说当着下人们不便说，现在我把他们打发走了，你为什么还不说？”

幽后也满有理的，她扫了一眼屋里的另外一个人。

原来，并非所有的人都被打发了出去，屋子里还有一个宦官，他就是大长秋卿白整。白整是孝文帝最宠爱的亲信，他不放心留皇帝一个人在屋子里。他不放心皇上，皇后对他也不放心，逼得元宏只好拿两块白布塞在了白整的耳朵里，又小声地喊了几次，确认白整听不到他和皇后的谈话之后，他再一次催逼冯氏坦白。冯氏倒也不想隐瞒，一五一十，原原本本地讲了出来。也不知说了些什么，反正将元宏气得脸白了又青，青了又白。

审妻结束以后，元宏唤来了自己的两个弟弟彭城王和北海王，冷酷无情地向他们宣布："冯氏以前是你们的嫂子，以后你们可以把她视为路人！"接着，把冯氏幽禁了起来。

不久，元宏病逝。北海王元详奉孝文帝遗诏前往幽皇后宫里逼其自尽。冯氏边走边叫，不肯服毒，被宦官们强按着喝下了毒酒。

此事中，告密有功的刘腾被孝文帝元宏任命为冗从仆射，仍居中黄门。

一人得道，妻、子升天
二度告密，害人不浅

刘腾靠在孝文帝面前告密起家，但却没能在当时大红大紫。

他虽然曾被任命为中常侍，特加龙骧将军、大长秋卿、金紫光禄大夫、太府卿等职，但离能够左右朝政还差得很远。

北魏延昌四年（515 年）正月丁巳日，在位十八年，年仅三十三岁的北魏宣武帝元恪病逝于洛阳皇宫式乾殿。

按照北魏的朝规，应当马上为元恪定谥号。可是这个本来一两天就能拟出来的谥号，却一直拖到一个月以后的二月甲戌日才算完成。

如此姗姗来迟，其故何在？

原来，宫廷里围绕着皇位继承的问题，展开了一场刀光剑影的角逐。

在这场角逐中，刘腾抓住时机，又向上爬了一大步。

宣武帝生前本来立有太子元诩（事在延昌元年），但太子却并非宣武帝的正宫皇后高氏所生。

据史料记载，北魏王朝有一个不成文的祖制，后宫姬妾中凡生子而被立为太子者，须赐太子生母自尽，据说这是从汉武帝那里学来的。其目的是防止母亲干政。

到了宣武帝元恪时代，这个规矩被皇帝自己给破坏了。

因为太子生母胡氏实在是太善解人意了，元恪下不了这个手。

元恪死了之后，有人却想对胡氏下手。

谁呀？

宣武正宫皇后高氏。

宣武帝是延昌四年正月甲寅日病倒的，从甲寅日到丁巳日，不过四天的时间。在这四天的时间里，高皇后与其兄司徒高肇紧锣密鼓，筹划一俟皇上晏驾，立即由高氏垂帘听政。

高氏要垂帘，就先要保住太后的位置，不让别人来分一杯羹。若想不让别人分一杯羹，首先就要除掉皇太子——未来皇帝的生母胡氏。

高皇后的密谋当然躲不过刘腾的耳目。

在上次宫廷阴谋中尝到了甜头的刘腾，仔细地比较了争斗双方的实力后，最终决定，把宝押在胡氏和皇太子这一边。

在他看来，高氏虽然贵为皇后，但因“性嫉忌”，在宫中并没有什么人缘。高肇虽然官拜司徒，但也没有多少心腹死党。而胡氏是皇太子生母，宣武帝早已亲口赦她不死，能享此殊荣，说明皇上对她是十分欣赏的，下一任皇帝又非胡氏的亲生儿莫属，有了这两点，刘腾不能不站在胡氏这一边。

主意拿定，刘腾立即去找同党侯刚，侯刚则去向领军将军于忠报告。

经过密谋，他们决定大行皇帝宾天之夜就扶立皇太子登基，并派人对太子生母胡氏妥善保护。

宣武帝死的那天，天空中雪花飞扬。于忠、侯刚还有刘腾等皇帝一驾崩，就立即派人请出皇太子，要其在大行皇帝的灵堂前登基。

太子詹事王显是高皇后的死党。他见于、侯、刘等人要先斩后奏，十分恼火，执意要奏明皇后才肯同意皇太子登基。

刘腾见状，厉声喝道："国不可一日无君，王詹事莫不是别有意图？"

这句话问得很重，王显纵有天大的胆子，也不敢背一个谋反的罪名，而且高皇后要杀的是胡氏，而非太子。所以，他只好闭上了嘴，退在一旁。

于是，崔光捧着皇帝的王冠，口宣大行皇帝遗旨，命太子跪接。然后，刘腾亲自为年方六岁的小太子换上龙袍，戴上御冠，把他抱上太极殿的金銮椅上，纳头拜倒。三拜九叩之后，君臣之分已明。

至此，刘腾的计划实现了一半。那剩下的另一半计划需要高皇后的配合。

因为小皇帝的亲生母亲胡氏现在还不是皇太后，要使新任皇帝登基合法化，必须得到高太后的认可。

经过一番密谋，刘腾等人决定派高阳王元雍"入居西柏堂，决庶政"——处理日常政务；由任城王高澄出任尚书令，总领百官；由门下省正式行文禀告高皇后，请她以手令的方式确认新皇帝元诩的登基，并同时确认高阳王、任城王的首辅身份。

高皇后恨死了刘腾，因此，对于出自刘腾之谋的几项要求都拖着不办。

不但拖着不办，而且还别有意图。高氏授意中常侍孙伏连，还有那位我们前面提到的太子詹事王显扣押门下省的公文，并打算架空皇帝。同时，以高肇录尚书事，由王显、高猛（高太后同族）同领侍中，控制朝廷的中枢机构门下省。

刘腾等人侦知高氏此举以后，不甘示弱。他们决定先打击高氏阵营中最核心的环节，以"医治大行皇帝不能尽心尽力"为由，将王显逮捕，并授意狱卒用刀环击其胸，将王杀死在狱中。

王显是高氏集团的智囊人物，他一死，高家班立刻就乱了阵脚。

高太后一个女流之辈，顶不住刘腾等人外拥重兵、内挟天子的双重压力，不得不按刘腾等人的意思下了一道手诏。时间是在元诩登基后的第三天。

阴险毒辣的刘腾打了高氏"一巴掌"，又给她一个"甜枣"吃，于二月庚辰日，以小皇帝的名义尊高氏为皇太后。

在害人的同时，刘腾没有忘了照顾自己。此时的他，已经今非昔比了。

刘腾不仅撺掇皇上下旨封他为崇训太仆、加中侍中，改封长乐县开国公，而且还开天辟地头一遭地占了个第一：娶了一个老婆。

太监娶老婆，这可是亘古未闻的奇事。虽然到了后来，像晚清有一些首领太监如隆裕太后跟前的红人小德张曾经纳过妾，但在北魏以前，还从来没有听人说过这等事情。

但这又是千真万确之事。《魏书·阉官传》中专门有一段写到了刘腾娶妻、养子之事。

刘腾的妻子姓魏，在当时也算得上是数得着的美人儿。刘腾有了自己的食邑（一千五百户）之后，和魏氏结了婚。新任皇帝也肯凑趣，不仅不阻止刘腾这一有违祖制的行为，而且还封魏氏为钜鹿郡君，“每引入内，受赏赉，亚于诸主、外戚”——比照公主、皇亲那样经常让魏氏入宫，接受封赏。

刘腾毕竟是个地地道道的太监，而太监是没有生育能力的。

问题来了。既然身为太监的刘腾没有生育能力，那他的两个儿子是从哪里来的呢?

答案很简单，儿子是刘腾自己收养的，亦即所谓的螟蛉义子。

由于刘腾连干了两件“漂亮事”，所以他的两个儿子很快便从一介草民被提拔到郡守、尚书郎的高位。

真是“一人得道，鸡犬升天”！

三度害人，幽闭太后 四年得意，左右逢源

刘腾其人，恐怕是最没有心肝的了。用今天的话说，他是一个典型的投机分子，为了自己的利益，什么都可以不顾，谁都可以出卖，包括

那些有恩于自己的人。

上面一节我们说过，当宣武帝病逝、孝明帝元诩登基之时，刘腾曾经设法保全过宣武帝的侍妾胡氏。胡氏后来因为亲生儿子当了皇上，而成了皇太后。当了皇太后之后，她给了刘腾数不清的荣华富贵。

但“天下没有不散的筵席”，刘腾的欲望不是胡太后所能填满的。渐渐地，他们就有了一些隔阂。

清河王元怿则成了引发他们矛盾的导火线。

清河王元怿是宣武帝的庶弟，当朝皇帝元诩的叔叔，在当时的北魏皇族中是个难得的人才。彭城王元勰曾经摸着他的头说：“这孩子风神外伟，黄中内润，倘若天假其年，一定是一个了不起的人才！”

由于他“美姿貌”，因而很得中年丧夫的宣武灵太后胡氏的欢心，“逼而通焉”——被皇太后逼着做了入幕之宾。

刘腾仗着自己扶立皇帝之功，根本不把元怿这个皇叔放在眼里。

有一次，刘腾的弟弟想要到元怿那里讨个官当，被元怿一口回绝。刘腾马上觉得元怿这是杀鸡给猴看，打狗不看主人。

恰好领军将军元叉因是胡太后的妹夫，“恃宠骄盈，怿常裁之以法”，也对元怿充满了刻骨仇恨。于是，两人合谋，诬告元怿谋反。

这次诬告是经过精心策划的。

元怿曾经推荐过一个名叫宗准爰的人做通直郎。谁料这个宗准爰脚踩两只船，竟然很快就被元叉所收买。元叉许诺将来给他更大的富贵，让他以元怿心腹的身份，去诬告元怿与司染都尉韩文殊父子合谋作乱，密谋废掉现任皇帝而自立。

诬告书是透过元叉转交的，所以，很快就到了胡太后的手里。

胡太后一见有人控告元怿，心里吃了一惊。她马上命人传来了元怿，让他与宗准爰当面对质。由于确是诬告，再加上宗准爰在曾经推荐过自己的恩人面前说谎话，实在觉得有些问心有愧，所以，这次诬告并没有得逞。

刘腾等人不是从自身找原因，而是把诬告失败的原因，一股脑儿地归到了胡太后的身上。他们决定从胡太后下手，先把胡太后与皇上隔离起来，然后再对付元怿。

此计甚毒。

公元五二〇年七月，刘腾再一次唆使膳食监太监、中黄门胡定上书给孝明帝元诩，指控清河王元怿密谋在皇帝的饮食中下毒。

这一次诬告采取的是绕过胡太后，直接向皇帝进言的策略。

想那孝明帝元诩虽然贵为天子，但年纪也不过十一岁，他哪里能分得清自己一向视为左膀右臂的刘腾刘公公、胡定胡公公是不是在骗他。何况状子上说得有鼻子有眼的，不由得他不信。

其实也用不着他信，只要他不干预就行了。刘腾早已拟好了一道诏书，在上面清清楚楚地列举了元怿的罪状，并且决定杀人与逼宫同时进行，逼迫胡太后退位。

七月丙子日，刘腾在门下省杀死了清河王元怿，然后，发下那道伪造的诏书。诏书是以胡太后的名义下发的，上面有这样的话：

魏有天下，奕叶重光。高祖孝文皇帝，以英圣驭天，徙京定鼎。世宗宣武皇帝以睿明承业，廓宁区夏，而鸿勋未半，早已登遐。乃令车书弗同，鲸寇尚炽。幼主稚弱，夙纂宝历，曾是宗祏，莫克祗奉。朕所以敬顺群请，临朝总政。今帝年已长，久思退身。所以往岁殷勤，具陈情旨，百官内外，已照此怀。而佥尔众意，苦见勤夺，僶俛从事，以迄于兹。自此春来，先疾屡发，药石摄疗，莫能善瘳。夏首至今，数加动剧。不堪日理万务，巨细兼省。帝齿周星纪，识学逾跻，日就月将，人君道茂，足以抚辑万邦，谐决百揆，朕（胡太后自称）当率前志，敬逊别宫，远惟复子明辟之义，以自绥养，实望群公逮于黎庶，深鉴斯理。如此，则上下休嘉，天地清晏，魏道熙隆，人神庆悦，不其善欤？

这篇诏书写得半通不通，中心意思却很明白，那就是假托胡太后之口，说她愿意撤帘归政。

归政给谁呢？

诏书上说是给皇帝。实际上皇帝此时刚刚十一岁，还不到亲政的年龄，因而只是个傀儡。真正的执政者是刘腾一伙人。所以，所谓归政于帝云云，不过是刘腾为自己篡权窃国寻找的冠冕堂皇的理由而已。

元怿被害的消息传出以后，“朝野贵贱知与不知，含悲丧气，惊振远近，夷人在京及归，闻怿之丧，为之劈面者数百人”。——上上下下都感到悲愤和震惊，尤其是那些纯朴的乡民们更是如丧考妣，挥刀划破自己的面颊以示哀悼的人就有数百人之多。

最感伤心的当然还是胡太后。

胡太后虽然也不是什么好东西，但刘腾等人之杀元怿确实是冤杀。

胡氏知道这一点，但已无能为力了，因为此时的她，已被幽禁于北宫，成了一个孤苦伶丁的老太婆。

一开始时，刘腾对胡太后还算客气。

但不久，出了一件事，却使得刘腾变得苛刻起来：

太后的侄子都统胡僧敬与备身左右（官名）张车渠等十几个人想要杀死刘腾等人“复奉太后临朝”。事情未果，胡僧敬被充军极边之地，张车渠等人被刘腾下令凌迟处死。

平定了这次“未遂政变”之后，刘腾觉得胡太后是个十分危险的人物。

想要把她杀死吧，又害怕激起天下人，尤其是小皇帝的不满和仇视；把她放出来吧，那无疑是放虎归山。

不杀不放，只能严加看管。为了便于控制，刘腾把胡氏从北宫移到宣光殿，弄了一把重达十几斤的大铁锁，把殿门牢牢地锁上，钥匙由他本人亲自掌管。

有一天，孝明帝元诩偶感风寒，浑身乏力，想要见见母亲。服侍皇帝的小太监去向刘腾求情，刘腾把那小太监臭骂了一顿，然后，亲自去见皇上。

“陛下，”刘腾换了一副面孔，对元诩连哄带骗，“陛下，听说您偶感风寒，浑身乏力，微臣特来探视。”

“刘公公，”元诩略带沙哑地说，“朕想见见太后。”

“陛下，太后也病了。您这个时候见她，恐怕不合适！”

“太后也病了？太后怎么会病呢？”

“陛下，”刘腾把脸一沉，说，“您这话问得可叫微臣难以作答。太后也是人，也吃五谷杂粮，怎么可能不生病呢？”

“生病了，我也要见！”元诩摆出了皇帝的派头。

“微臣要为天下着想，誓死不敢从命！”

刘腾一硬起来，小皇帝也没有办法。他毕竟还是个孩子啊！宫里宫外都是刘腾的人，他自己的小命，甚至都还操控在人家手里，所以，只好闭口。

刘腾“镇”住了皇帝之后，马上开始更加严酷地对待太后。

除了每天两顿膳食以外，其他的供应全被免去。以前，他还准许太后出来活动活动，现在却不许胡氏离开房间半步。以至于后来就连每天两顿饭，每季一套衣服，也常被他下令克扣，弄得太后常常饥而无食，寒而无衣。

为了避免落下个以下犯上的恶名，刘腾派他的亲信中常侍贾粲，假称奉有皇上（孝明帝）的诏书，对皇太后严加“保护”，除非有刘公公、元领军（元叉）的许可，任何人都不许靠近宣光殿宫门半步。

这种“挟天子以令诸侯”的鬼把戏被刘腾用来吓唬太监，自然是一吓一个准了。

公元五二二年三月，小皇帝元诩经过好几年的努力，终于争取到了一个和母后胡氏见面的机会。

母子相见于皇宫西林园。

这次聚会差一点使刘腾等人与胡太后真刀真枪地动起手来。

原来，刘腾阵营出了一个“叛徒”，此人姓奚，名康生，官拜光禄卿、右卫将军。奚康生本来是刘腾阵营中的头面人物侯刚的亲家，而侯刚之子又是元叉的妹夫，他们这些人亲上加亲，臭味相投。

奚康生之所以要“叛变”，是因为他生性脾气火暴，而元叉、侯刚等人又不怎么把他放在眼里。

按照鲜卑族人的习俗，每逢庆典必须饮酒，而且饮酒时不可无歌舞助兴。

这歌者、舞者可以是宫中弄臣、宫女，也可以是大臣。少数民族不像古时汉人那样“舞不上大夫”。

孝明帝与胡太后宴于西林园，奚康生多喝了几杯，一时兴起，便脱去外衣，拔出宝剑，躬身一拜，说道：“微臣奚康生，想舞一段剑给皇太后、皇上两陛下助兴！”待得到允许之后，他下场舞了起来。

舞到一半的时候，奚康生几次用各种姿势向胡太后示意，请她下令杀掉刘腾。

权衡再三，胡太后没敢下这个手。因为她深知宫廷侍卫大都是刘腾的心腹死党，自己与皇帝被长期隔绝，这时候贸然动手，搞不好会弄巧成拙。

刘腾等人当然不是傻瓜。他们见奚康生有杀他们的念头，就来了个“以彼之法，治彼之身”，恶人先告状地跪倒在胡氏面前，用明显夸大了的语气说：“微臣有话要对太后说。”

胡氏吓了一跳，她乍见刘腾往那里一跪，还以为刘腾要对自己不利呢，忙强作镇静地问：“刘公公有什么话要说？但讲无妨。”

“臣效忠皇上、皇太后，耿耿此心，可昭日月。现在宫外有人传言，说皇太后将要不利于微臣。现在臣就跪在这里，要杀要剐，请皇太后下手便是！”

刘腾此举令胡氏措手不及。除掉刘腾这一念头也不知在她的脑子里转了多少遍，但她可从来没敢对人说起过。现在，刘腾当着众人的面揭破此事，这可无论如何也不能承认，于是，胡氏笑吟吟地说：“哪有此事！一定是有人想要挑拨我们君臣之间的关系。”

“没有就好。”刘腾说完也不叩谢主恩，站起身来退到一旁，似有所思。

也算胡氏人还机灵，她见刘腾从容不迫的样子，酒也不喝了，拉起了小皇帝就往里走。

刘腾等人忙上前相询。太后解释说：“我们娘儿俩已经好久没见面了，今天难得有这个机会，我要带皇上到我的宣光殿里住一夜！”

见太后说得在情在理，刘腾也不好再行阻拦。

这母子二人到了宣光殿内也只能相对无言。就在宴会结束后的第二天，刘腾与元叉、侯刚等人合谋，将奚康生杀死。

从公元五二〇年到公元五二三年这四年间，刘腾可谓出尽了风头。他以一介阉宦之身而荣任三公之一的司空之职，又与崔光等人假托孝明帝的旨意，准许自己在皇宫内乘坐步辇——这相当于清代紫禁城内骑马，是一项难得的殊荣。

史书上称“四年之中生杀之威，决于腾手”，连那些有名的公卿大臣也都要仰承他刘某人的鼻息。凡遇到军国大事，诸臣都要先问问刘公公是不是已经知道了，倘若刘公公不点头，即使是皇上交办的事情也没人敢去办。

说来有趣，那些文武百官们，平常要见皇帝，倘若是逢三、六、九朝觐之日当日就能见到，可是他们若是想见刘腾，有时往往要等上几天。

一朝权在手，刘腾开始猛刮“地皮”。

其实，也不用刘腾去刮，那些想要在官场上走“终南捷径”的人也会主动送上“地皮”。

《魏书·阉官传》上就此写道：“公私属请，唯在财货舟车之利，水陆无遗，山泽之饶所在固护剥削，六镇交通互市，岁入利息以巨万计。”

还是在刘腾大红大紫之时，他翻建原来的宅邸。一位名叫周特的奉车都尉用筮草替他占卜了一下，认为不吉，劝他不要强夺民房，扩建府邸。刘腾“怒而不用”，根本不听从周特的劝告。周特见刘腾不相信自己，遂辞官归隐。临行前，他对一位好友说：“刘司空（刘腾）死期将到。”

“依先生看，”那位好友也恨刘腾，于是，接着周特的话追问，“当在何时？”

“据卦象来看，当在三月、四月之交！”——说这番话时是在孝明帝正光四年（523 年）正月。

也不知是史书过分渲染，还是那位周特真是未卜先知，反正刘腾的确没活过卦象上显示的时刻。

公元五二三年三月末，刘腾病死于北魏都城洛阳，终年六十岁。

下葬那天，孝明帝元诩命人送来上等丝帛七百匹，钱四十万，香烛二百斤，并派主持国家礼仪的鸿胪少卿主持刘腾的丧事。

刘腾的徒子徒孙、狐朋狗党们见皇帝如此看重刘腾，一个个争相进孝，“中官为义息，衰绖者四十余人”——有四十多名大小太监充当刘腾的孝子贤孙，为他披麻戴孝，大小官员也都前往墓地致哀，“填塞郊野”。

刘腾的徒子徒孙又奏请元诩追封刘为使持节、骠骑大将军、太尉公、冀州刺史，真是“生当鼎食死封侯，男儿生平志已酬”了。难怪《魏书》中提及此事时，要酸溜溜地来上一句“魏初以来，权阉存亡之盛莫及焉”。

然而，好景不长。

刘腾虽然在其生命的最后四年春风得意，死初又备享殊荣，但他却还有一个死对头活着。

他死在了死对头之前，那死对头岂能不报仇雪恨、反攻倒算？

死对头是谁？不用说想必大家也知道，就是那位胡太后。

胡太后虽然在刘腾在世时败在了刘腾的手里，但她毕竟是孝明帝的亲娘，哪有儿子不向着亲娘的道理？

就在刘腾死后不到一年的时候，胡太后在高阳王元雍等人的支持下重新垂帘听政，上台后的第一件事就是收拾刘腾。

有人禀告说刘腾已经死了。

胡太后心想：“还用你告诉我吗？不死，我也出不了宣光殿啊！”但这话如何能对别人说？于是，她摆出了皇太后的架势，恶狠狠地说：“死了？死了也不是结束，他不是有坟有墓吗？他将我关进宣光殿，我要挖他的坟，掘他的墓，让他见见太阳！”

见太后动了肝火，谁还敢饶舌。

于是，胡氏迅速调派了几百名士兵，前往刘腾的墓地，“发其冢，散露骸骨”——把刘腾的坟给挖开了，把他的尸骨给扔了一地。

这简直是伍子胥鞭尸的再版。被伍子胥鞭尸的人与伍有杀父之仇。俗话说“杀父之仇，不共戴天”，而胡太后对刘腾也采取类似的举动，由此可见两人结怨之深了。

刘腾，这位生前享尽荣华富贵的大宦官，可能做梦也没想到死后会落到这样一个下场。其实，他是应该想到的。古语云“多行不义必自毙”嘛！

能令皇上安寝的太监

——唐代宦官高力士

- ◎ 流浪少年本姓冯 遭阉被奉入皇宫
- ◎ 因过被逐出宫门 得福易姓再入宫
- ◎ 参与政变助玄宗夺权 忠心事主得皇帝宠信
- ◎ 建佛寺替皇上祈福 收撞钟钱为自己聚财
- ◎ 寻母娶妻享天伦 保主护国割旧情
- ◎ 陷困境，智为上皇解围 遭嫉恨，苦被奸宦流放
- ◎ 心系旧主，流放地抑郁寡欢 初闻噩耗，归途中悲恸而亡

唐肃宗上元二年（761 年）六月，唐代极边之地黔中（今贵州省一带）巫州，一位年过古稀的老人在其临时住所抬头遥望北方，望着京师长安——那里有他曾经服侍过的皇帝，有曾经争相与他结交的贵人达官，也有他熟悉的宫殿。

老人是谁？

他既然曾经在皇宫中当差，又服侍过皇上，想必是个宦官了。既然在皇宫中有人争相与之结交，想必他一定是个曾经辉煌过的大宦官了！

是的，他，就是被许多通俗演义作品屡屡提及的唐代名宦高力士。

高力士是唐玄宗面前最红的红人，他怎么会突然跑到这“化外蛮荒”之地呢？要知道，黔中多瘴疠，况且高力士早已不是壮年了！

原来，他是被贬谪出来的，巫州乃是他的贬所。

高力士为什么被贬？而且被贬到这极边之地呢？

这中间经历了许许多多的故事……

流浪少年本姓冯 遭阉被奉入皇宫

像我们离不开水一样，中国的皇帝大都离不开宦官。这道理十分简单，因为与西方某些国家的一夫一妻制不同，在中国古代，皇帝们都是一夫多妻的。尽管那位穿长袍，精通多种外语的文化怪杰辜鸿铭曾经用“一个茶壶配许多茶碗”的比喻来为这种制度辩解，但其种种不合理之处，仍一直为人们所诟病。一个男人有几个乃至多个妻子，这种情况下的最大问题就是“皇恩”不能令每个人都均享。为了不使心怀不满的女人们红杏出墙，就要用宫墙把她们圈禁起来。圈禁起来之后，这些人的生活需要有人照料，除了一些细活之外，一些粗笨的活计是需要男人来做的。但若把各方面都正常的男人放到女人堆里，难免要生事端，于是，就有了宦官这种最为畸形的人物产生。

据说，中国的宦官制度起源于西周，当时称为“寺人”。

这些“寺人”各个朝代都有，但为非作歹、闹得最凶的却只有东汉、中晚唐、明和晚清。

唐代的宦官，真正炙手可热的首推高力士，以至于到了后来，高力士几乎成了一般通俗文艺作品中阉宦的代名词。

说来有趣，这位名头甚劲的大宦官高力士，他竟不姓高，而姓冯。高力士怎么会姓冯呢？他如果姓冯，那又怎么由姓冯转而姓高的呢？

原来，高力士本是潘州人氏。他一开始时的确不姓高，而是姓冯，名元一。

在其很小的时候，冯元一的父亲就被人杀死，其母麦氏也与他走失。十岁那年，冯元一被阉割了。阉割他的人准备将他卖给大户人家当主人的贴身小珰厮（唐代大户人家亦有使用阉人的）。这种在今天听起来十分残忍的事，在当时却再稀松平常不过了。

唐代有名的大诗人顾况曾经专门写过一首诗描述此事。台湾作家柏杨将这首诗翻译成白话文大概是这样的：

孩子啊，你生在穷乡。
官员捉住你，把你残伤。
为了进贡给皇帝，为了满屋金银淌，
为了要下狠心，把孩子戴上刑具，当猪羊。
上天啊，你慈悲何在？叫孩子遭毒手！
神祇啊，你有无公正？让官吏害人受赏！
爸爸送别孩子：
儿子啊，我悔不该当初生下了你！
当你初生时，
乡亲们劝我不要抚养。
爸爸不忍心，
却让你遭到这样的下场。
孩子告别父亲：
心已碎，泪流千行。
爸爸啊，从此千里万里，
一直到一命归西，
再也见不到爷娘！

顾况的诗虽然是文学作品，但却没有多少夸张的成分。

高力士（本应该称他为小冯，为了便于读者阅读，姑从此名）被阉割了之后，并没有被卖到大户人家，而是被送进了宫中。

他是怎样“攀”上这个“高枝儿”的呢？

原来，在有唐一代，各地的地方官除了处理当地的政务之外，还有一个秘而不宣的“副业”，就是替皇宫选美，同时兼选太监。

潘州一带少美人，但岭南讨击使李千里却拼命想通过“副业”以副养正，于是，就打开了选小太监的主意。

这小太监虽然不像宫女那样要求有闭月羞花之貌，但也要模样端庄，口齿伶俐，因此，也是千里挑一的工作。

李千里选来选去，选中了高力士（小冯）和另外一个名叫金刚的幼童。

李千里先教他们居时养气的法门，然后，一点一点地教他们宫廷中的礼仪，告诉他们如何分清皇帝和皇后、皇后和妃嫔、妃嫔和宫女，见什么人该行什么礼。甚至连在宫内怎么行礼，怎么走路，怎么吃饭，李千里都一股脑地教给了他们。

高力士是个天赋极高的人，不到一年的时间，就把诸门“功课”练得纯熟，一一演来，俨然一名资深的小太监。

李千里见了，大喜过望，遂于圣历（武则天年号）元年（698 年）将其送入宫中当了一名货真价实的小太监。

因过被逐出宫门 得福易姓再入宫

据史料记载，还是在冯元一没被阉割以前，其母麦氏曾经不止一次地说他有富贵之相。

“富贵之相？”

“对。”

“什么富贵之相？”

“你的胸口有七颗黑痣，状如北斗七星，这在相法上大有讲究，乃是从龙之格。”

“既然孩儿有富贵之相，为什么还会被人抄家？”冯元一不解地问。他指的是其父冯君衡因犯“矫诬”之罪而被抄家一事。

原来，冯元一也是出身于显赫世家的。

元一的远祖名叫冯弘，乃是五胡十六国时代赫赫有名的人物。其曾祖名冯盎，系初唐时广、韵十八州总管，爵封耿国公。其祖父名智垈，当过高宗时的潘州刺史。其父冯君衡则承袭了潘州刺史。

麦氏原来不过是顺嘴和儿子说说，谁料他竟认起真来。这下她也不知该如何回答，只好用别的话搪塞了过去。

见母亲没有正面回答自己的问题，元一感到很失望，但他的心里却老是在思索着一个问题：这七颗黑痣究竟预示着什么？

到长安之后，冯元一被分到武则天的宫中当差。武则天一开始时“嘉其黠慧，总角修整”，遂把他留在身边，当了贴身小太监。

武则天当时已经自立为帝，在整个皇宫中是唯我独尊的“余一人”，能在她身边侍候，这也算得上是一份很荣耀的工作了！这个时候的冯元一颇有点像金庸大师笔下的那个韦小宝，因为是女皇面前的红人儿，受到各处的巴结、逢迎。

天长日久，元一的小孩子脾气又上来了，做起事来不管不顾，得罪了许多人。不久，他又因无意之中撞破了武则天与其情夫僧怀义的“好事”，惹得龙颜大怒，被武氏抽了一顿鞭子赶出宫去。

这样的大起大落即使是一个大人也难以承受，但元一却承受住了，因为他遇到了一个好心人。

这个好心人姓高名延福，也是太监。高延福见冯元一孤苦伶丁一个人无依无靠，不由动了恻隐之心。当时的太监已有收养义子的习惯，所以，高延福把冯元一接到自己的家中，问他愿不愿意给自己当干儿子。此时的冯元一只要有口饭吃，要他干什么都愿意，区区义子，有何难哉！于是，他翻身拜倒，口称干爹。冯元一从此以后由冯改姓高，名字也由元一变成了力士。

高延福原本是武三思府中的阉人，因其会当差，而被武三思荐给女皇武则天。到了宫中之后，高延福与过去的主人仍然没断了交往。

武三思一来是武则天面前的红人，二来又是武则天的侄子，在当时的朝廷中也算得上是一个响当当的角色。高力士人小鬼大，有了干爹这一层关系，他三天两头就往武三思的府里去讨好。这番功夫果然没有白花，不到一年，武则天又把高力士召回宫中。

这次进宫以后，虽然圣眷不衰，但高力士本人却再也不敢恃宠而骄了。

至于胸前的那七颗黑痣，他也只是在闲来无事没有人在跟前的时候偶尔想起。当他叉开双手去轻轻抚摸那七颗小东西时，耳边时不时地也会响起娘亲“大富大贵”的预言，但曾经沧海的高力士却再也不敢轻易相信自己的命运了。

参与政变助玄宗夺权 忠心事主得皇帝宠信

再次入宫以后，高力士经历了几场唐代权力交替的风暴。

他本人直接参与的有“唐隆政变”和“先天政变”。通过这两场政变，他和玄宗李隆基的革命友谊不断升华，从而奠定了自己在玄宗朝不可撼动的地位。

要说这两次政变，我们得从则天朝末期的“神龙革命”开始。

女皇武则天本是高宗李治的皇后，她以非凡的毅力和超人的才干夺得皇权并自立为帝。以后，随着年龄的增长，她遇到了一个纠缠不清的问题：“该把皇位传给谁？是传给李姓的儿子，还是传给武姓的侄子。”

依武则天的本意，她是想传位给同姓的侄儿的。多亏她的手下，人称贤相的狄仁杰将她点醒，问她是儿子能在她死后将其神主牌位放在太庙里，还是侄儿能。

武则天是个明白人，这才决定把皇位传给儿子。

武则天一共生有四个儿子，长子和次子当时已先后被她自己害死，三子和四子她都不怎么喜欢，所以，尽管传子的大政方针已定，但传位给哪个儿子她却一直拿不定主意。

处在宫中的高力士审时度势，觉得武后的第四个儿子李旦之子李隆基是个难得的了不起的人物，所以，倾心与之结交。

李隆基也正想在宫中寻找一个得力的内线，所以，两人一拍即合。

不久，李隆基被派往潞州，出任潞州别驾，高力士仍然与他保持经常的联系。

武则天执政末期，朝臣们发动了一次宫廷政变，迫使卧病在床的武氏还政于李显。李显是为唐中宗。中宗当政不久，即被其妻韦氏毒死。高力士配合李隆基举兵起事，发动“唐隆政变”，诛杀了当时把持朝政的韦皇后、安乐公主和上官婉儿，废了韦皇后扶立的傀儡少帝李重茂。隆基之父相王李旦被扶上了天子宝座，是为睿宗。隆基本人也成为皇太子。为了报答高力士不断通风报信之情，李隆基向父王提出把高力士调到太子宫中，并提拔他为朝散大夫、内给事。

睿宗延和元年（712 年），李旦禅位于李隆基，自己退位为太上皇。李隆基登上皇位后，处处受制于掌握实权的姑母太平公主，双方的矛盾越来越激化。对于自己这个英明神武的侄儿，太平公主也自知难以驾驭和控制，于是决定先发制人，铲除李隆基。

先天二年（713 年）七月甲子日，太平长公主与仆射窦怀贞、侍中岑羲、中书令萧至忠、左羽林大将军常元楷密谋废掉玄宗李隆基，甚至已经策划好要在李隆基的膳食中下毒。事为高力士所侦知，报告给了李隆基。

李隆基闻听启动了杀机。他率领一众亲信，在高力士的配合下，将太平公主的势力一网打尽，并赐死了太平公主。史称“先天政变”。

“先天政变”后，玄宗李隆基掌握了实权。政变中有功的高力士被玄宗破格提拔为银青光禄大夫（从三品），侍奉皇帝于宫廷，成了皇宫里的编制内人员。开元初年，高力士又被加封为右监门卫将军、知内侍省事。

玄宗皇帝是个颇喜任用宦官的皇帝。在他执政时期，有一大批宦官受到了重用，像杨思勖、黎敬仁、林招隐、尹凤祥等大宦官；像孙六、韩庄、杨八、牛仙童、刘奉廷、王承恩、张道斌、李大宜、朱光辉、郭全、边令诚等一批殿头供奉、监军使之类的中等宦官，数得上名字的就有几十个。

但与高力士比较起来，他们之中的哪一个也不如高得到玄宗皇帝的宠遇之深。

这些人虽然可以在外面作威作福，但他们的一举一动，大到到哪一个藩镇去出任监军使，小到到哪一个地方去采买皇上所需的东西，没有高力士的许可，那都是提也休提。

当时各地送到京城的奏章必须先呈给高力士，待他阅毕觉得可以的时候才能再呈给皇上，有一些小事情就干脆由高力士本人做主了。

所以，玄宗不止一次地对别人说："力士当值（值班）时，我睡得就安稳。"

玄宗一朝的几任宰相，从李林甫到杨国忠，几个有名的节度使如安禄山、高仙芝等，他们的出将入相也差不多走的都是高力士的门路。

当时还是太子的肃宗李亨尊称高力士为"二兄"。诸王公主，凡是在宫中稍微能够露上脸的皇亲国戚，都赶着巴结高力士，称他为"阿翁"。那些驸马们则要称他为"爷"。

为了饮食起居的方便，玄宗皇帝特意在自己的寝宫旁边给高力士单辟了几间房子，供他歇脚轮值。

高力士本人呢？为了显示自己对主子的忠心，放着华丽的外宅不去住，而心甘情愿地住在皇上为他单辟的小屋子里，以供皇帝随时驱使。从这里我们也可窥见高力士的精明。

建佛寺替皇上祈福 收撞钟钱为自己聚财

在中国封建社会有句老话叫作"千里做官只为钱"，虽然只有七个字，但却道出了大部分"肉食者"们的共同心理。虽然这些"肉食者"的终极目标是一致的，但具体怎样去完成目标却是"戏法人人会变，各有巧妙不同"。

自小“性黠慧”的高力士发明了一种“撞钟捞钱法”。这种捞钱法之无懈可击，足可令其同辈们自愧弗如。

玄宗天宝七载（748 年）四月辛丑日，玄宗李隆基颁下诏书，加封高力士为骠骑大将军。

按《旧唐书·职官志》，这骠骑大将军属从一品，在武官官职中，仅次于正一品的天策上将。而天策上将一职在整个唐代只有李世民一人担任过。

以一个阉宦，能获得如此的高位，也可以算得上是一种不世之殊荣了。

高力士为了敬谢浩荡的皇恩，决定修庙铸佛为主子祈福。

当时，他的钱财已经“殷厚非王侯能拟”。一声令下，在京城长安的来庭坊造了一座宝寿佛寺，在兴宁坊造了一座华封道士观，“宝殿珍台，侔于国力”。

几个服侍高力士的小宦官见了忍不住悄悄嘀咕：

“咱们这位大将军这是怎么了？”为首的一个问，“一下子拿出这么多钱来，造了这么漂亮的庙宇，铸了这么高的佛。以前，他可是一毛不拔的啊！”

“这和以前不同，这次是为了叩谢皇恩。你们没见皇上刚刚封咱们的主人为骠骑大将军吗？这可是不世的殊荣啊！”

“既然是为了叩谢皇恩，那为什么不把这钱直接献到皇宫，献给皇上？”

“你这就笨了，是不是？”

“我笨？我怎么笨了？”

“好，我问你，皇宫缺不缺钱？”

“当然，当然不缺了！”

“那好，送皇帝不稀罕的东西给皇帝，这有什么意义啊？”

“这个，当然是没有意义了。要送，就得送皇上最想要的。”

“好，你还不算太笨。那我再来问你，皇上最需要的是什么？”

“这我哪知道啊！”被问的那个小太监说道，“我又不是皇上，我怎么会知道皇上心里想什么，需要什么呢。”

“好，谅你也不知。那么，我来告诉你，皇上最想要的是长寿。”

“有理，有理！”另一个小太监凑趣说，“要不然为什么皇上最愿意听别人喊他‘万岁’呢？这‘万岁’不就是活一万年嘛。”

“你别打岔！”那位谈兴正浓的小太监把手一摆，接着说，“皇上怎么才能求来长寿？”

“那自然是求神佛保佑了！”

“这就对了！”那滔滔不绝说了半天的小太监把手一拍说。

“你的意思是说，咱们的大将军修庙铸佛是替皇上祈福？”

“也是也不是……”

“什么也是也不是？”

“天机不可泄露！”

高力士拿自己的钱修庙铸佛为皇上祈福，这本来是再明白不过的事了，可是那小太监为什么还要说“也是也不是”呢？这里面难道真的有什么“天机”不成？

谜底不久就被揭开了。

我们知道，一般佛寺里都有钟有鼓，所谓“晨钟暮鼓”是也。

就在宝寿寺建成的时候，高力士命人铸了一口大钟。钟成之日，他命人遍撒请帖，邀请在长安的富商大贾、达官贵人前来参加“撞钟大会”。

虽然明知“酒无好酒，会无好会”，但既然是权倾当世的高力士下帖相邀，谁敢不来？

真正的好戏当然得等他们来了以后才能上演。

当手下人禀报说所请之人都已到齐时，高力士站了起来，双手一拱，朗声说道：“各位，今天请大家来，一来是庆贺这座专为皇上祈福的宝寿寺落成，二来是本寺铸成了一口大钟。据说撞钟可以祈福消灾，因此，想请各位来随喜随喜。”

这番话说得很是客气，有不少心眼儿实的人还真以为力士请他们来不是朝他们要钱，而确实是请他们做嘉宾的。

可是当他们听到高力士下面所说的话时，刚刚还在笑的人立马笑不出来了。

只听高力士接着说道：“我佛慈悲，随喜就是有缘。各位不是富商，就是大贾，古人云‘钱财乃是身外之物’，生带不来，死带不走，何不行行善事……”

“这老家伙要干什么？”一个专与西域胡商做买卖的商人问他的同伴。

“恐怕是要我们出点‘血’吧！”

果然，只见高力士顿了顿，继续说道：“以前，老夫见有人到佛寺布施，常挥笔在布施簿上留名，这样未免有些小家子气，所以，今天老夫特意想出了一个新点子。”

“新点子？什么新点子？”那群商人中有人悄声问。

高力士好像是听到了那人的话似的，高声说道：“这个点子说新其实也不新，那就是每位来宾可酌情撞钟，每撞一下，布施一百万钱，这钱嘛，”说到这里，高力士顿了一下，一字一板地说：“当然是布施给宝寿寺做佛事用了！”

底下有人悄声骂道：“什么做佛事。真要是给佛，捐多少我们都认了，只怕这钱被你高公公拿去中饱了私囊！”

这话高力士可没听见，因为他的话并没有说完。只听他加重语气接着说：“对于每位撞钟者的善心善举，老夫当然会铭记在心，并将酌情向皇帝陛下转报！”

这话要是换作别人说，可能无足轻重，但出自高力士之口，那分量可就不一样了。

盛唐虽然是个包容、开放的时期，但“士农工商”的排列次序仍然被大多数人认同。许多人经商发了大财，钱多得没处花，首当其冲的想法就是弄个官来做，以求光耀门楣。

要当官，无非就是两条路。一条是科举，另一条就是花钱买官。

这科举虽然是正途，但却是困难重重。唐代科举考试主要考明经和进士两科，前者较易，后者较难，所以当时流传“三十老明经，五十少进士”的说法。进士及第称“登龙门”。登进了龙门，不代表你可以直接当官，中间还得经过吏部考试。吏部考试通不过，对不起，即使你是状元也没办法，只能先去给节度使当幕僚。

对于这些人来说，要想发财——升官——发财，走科举这条路实为下策。何况即使是上策，这些富商大贾们也都只能望洋兴叹，因为他们大都斗大的字识不了几车，根本不是读书那块料。

不是读书那块料还想做官，那就只能走第二条路了。

花钱买官各个朝代都有，最为名正言顺的是晚清，那叫捐班。小到知县，大到知府都可以堂堂正正地讲斤论两去买，但唐代这种交易却要在私下里进行。

要买官，也得找门路。这就像跟人拜师学写文章一样，“取法其上，得其中；取法其中，得其下”。你所托的人倘无足轻重，或者即使是“有足轻重”，但却不能在高层次的决策人面前说上话，那你交给他的钱再多，也不会有多大的作用。

凡是在商场上扬名立万的，哪有不知道这样浅显道理的。

因此，他们不由都被高力士最后那几句话激起了兴趣。

在他们看来，今天反正也得出点“血”，与其抠抠搜搜，一副不愿意的哭丧样，还不如主动地撒出银子来，给高公公本人留下个好印象。高公公一高兴，在皇帝面前随便替谁美言几句，那么，说不定这人就会弄个不大不小的官来当当呢！做上了官，今天花出去的几个钱又算得了什么，很快就会补回来的。

既然有利可图，这群人也就不再犹豫。还没等高力士的话音落地，就有人抢步上前，操起钟杵，“当当”地敲了两下。

“好，两百万！”见有人带了头，高力士心花怒放，高声叫起好来。

见高公公叫好，还没撞钟的人自然不甘落后，又不是没有钱，你撞两下，老子就撞四下。好家伙，有人撞四下就有人撞八下，有人撞八下就有人撞十下，连击二十下的人都有。

见到这种盛况，高力士连连叫好。撞钟者此起彼伏，他们布施的钱也越积越多。尽管这些还都是口头上的认捐，尚未兑成银子，但白纸黑字写在那里，不怕他们不认账。

到了“撞钟大会”结束时，手下人将各人撞钟数折算成银子，其总和已远远超出了修建宝寿寺和华封道士观所花去的费用。高力士等于不费吹灰之力地讨好了皇上，又捞足了钱财。

寻母娶妻享天伦 保主护国割旧情

高力士一生，前期总的说来十分顺遂，除了小时候刚入宫时被逐出过一次，吃了一点苦。六十岁以前，他可谓享尽了人间的荣华富贵。

自从跟着李隆基入主皇宫，他的好运就滚滚而至。力士本人也并不讳言自己的出身，并不忘本。

发迹之后，他的养父母高延福夫妇被玄宗恩赐按定位享受供奉。然后，高力士又下令在老家潘州寻找自己失散多年的亲生母亲麦氏。

见是玄宗皇帝面前的红人有令，潘州那些地方官，上至刺史，下至班头衙役，一个个都不敢怠慢，卖力去找。这一找就是好长时间，毕竟，从十岁那年分别，到当时已过去了几十年的时间，麦氏是否仍在人世已不可知。好在吉人自有天相，经过反复的寻找，终于找到了麦氏。

当潘州刺史派人将麦氏送到长安，送到高力士的身边时，这对母子竟然谁也认不出谁来了。

还是高力士先开了口，他说：“娘，你难道不认识我了吗？”

“这位大人，你是……”麦氏见高力士出落得人高马大，且又衣着鲜亮，侍从众多，迟疑着害怕自己认错了人闹出大笑话。

见老娘不敢相认，高力士有些急了。他一把撕开自己胸前的衣服，袒露出前胸，指着胸前那七颗黑痣说：“娘，你看孩儿这七颗黑痣，你不是说这是主大富大贵的吗？”

见了黑痣，又听见眼前这个人重复起当年自己曾经说过的话，麦氏这才扑上去与儿子抱头大哭。

此时，高力士的亲生父亲已死。为了免除亲生母亲的烦忧，他特意安排亲娘与干娘住在一起，史称“令两媪在堂，备于甘脆”。

也许是命中福薄，也许是多年来颠沛流离，骤然锦衣玉食不习惯，麦氏被接到长安以后不久，突然病倒，经过百般调治，最终不治身亡。

娘亲死了就得举行葬礼。此时的他虽然已经是三四品的大官，但毕竟还是宦官的身份，由他自己主持娘亲的葬礼，算不上怎么风光。

力士有了难处，那群趋炎附势之人焉能袖手旁观。金吾大将军程伯献是高力士微贱之时的结拜兄弟。高力士还算不忘故人，谢绝了许多人，请程伯献代他主持母亲的葬礼。程伯献“于灵筵散发，具缞绖，受宾客吊答”。丧礼办得十分隆重。

玄宗皇帝见力士与娘亲团聚后不长时间就又失去了母亲，也十分替他难过。为了对高进行安抚，玄宗特意颁下诏书，追赠高力士的本生父亲冯君衡为广州大都督，追赠其母麦氏为越国夫人。

办了娘亲的丧事之后，没几年的时间，高力士又办了一件丧事。

这件丧事是给他的丈母娘办的。

高力士什么时候娶的妻子，有了丈母娘？

这事情还要追溯到开元初年。那时候，有一个名叫吕玄晤的瀛州人携家至长安充任衙门小吏。吕玄晤本人本来籍籍无闻，但他的女儿却生得颇有姿色。

当时，高力士刚刚得宠，想寻一房妻室，享一享“天伦”之乐。有人向他推荐了吕玄晤的女儿。经过明察暗访，这门亲事最终敲定了下来。

吕氏不仅长得漂亮，而且品行端正，《高力士外传》中称她“躬行妇道，有逾常礼”。吕氏过门以后，高力士自觉不能与妻子真正享受夫妻间的快乐，因而，对妻子实感内疚，于是奏请玄宗皇帝拔擢吕玄晤为少卿刺史。好几个吕姓子弟也因了高力士的缘故被封为王傅（各个亲王的太傅或少傅）。

吕氏的母亲去世，葬礼的规模不亚于麦老夫人的那次葬礼，甚至比那一次还要隆重。《旧唐书》中提及这次葬礼时写道：“吕夫人卒，葬城东。葬礼甚盛。中外争致祭赠，充溢衢路，自第至墓，车马不绝。”——

从吕府到吕夫人的墓地，前来送葬的公子王孙、达官贵人连成了“捻”儿。

两次葬礼充分显示了高力士本人在朝中的实力。

除了娘亲和妻子，高力士一生还与另外一个女人结下了不解之缘。

这个女人，就是中国历史上赫赫有名的杨贵妃。

杨贵妃和唐玄宗二人的旷世奇恋离不开高力士的撮合与出谋划策。作为玄宗身边最为宠信的宦官，高力士自然对玄宗的喜恶和心思了如指掌。窥透玄宗对儿媳的爱慕之后，高力士不遗余力帮助玄宗成功抱得美人归。之后，杨玉环因触怒玄宗皇帝，两次被遣返回家，中间多亏了高力士的调解斡旋，才重返皇宫。所以，说高力士成就了杨玉环应该也不为过。

其时，杨玉环对于唐玄宗来说，是无可取代的灵魂伴侣，而高力士则是他不可或缺的忠实奴仆，二者可谓缺一不可。深知于此的高力士和杨贵妃明智地选择了互相帮衬、通力合作来巩固彼此的地位。而我们所熟知的大诗人李白之所以仕途坎坷，便是这二人通力合作的结果之一。

大家都知道“力士脱靴”这个典故和故事，也知道高力士和李白的梁子是因此而结下的。可高力士是如何联合上杨玉环来排挤和打击李白的呢?

据说那还是在天宝初年，一个春暖花开的日子，大明宫中的御花园里芍药花开了，一朵朵争奇斗艳。

一向以风雅之士自许的玄宗皇帝见了十分高兴，他高声吩咐道:“对名花，饮美酒，不可无新词!”

当时专门为玄宗皇帝演奏音乐的“首席乐师”李龟年识得皇帝的心意，在一旁凑趣说:“陛下言之有理。不知陛下要的是什么新词?”

“你快去传朕的旨意，宣召翰林学士李白进宫!”

李龟年应声而出，到了李白的临时寓所却扑了个空。有人指点他到酒肆中去找，肯定能够找到。

李龟年找了半天，终于在一家三面临水的酒楼中寻到了李白。

“李学士，你可让我找得好苦!”李龟年离好远就打招呼。

“你……你……你是谁?”此刻的李白已经有九分醉意，他口里含含混混地问。

“我是李龟年啊！”

“年……年什么，来，喝一杯酒再说！”

“天子有旨，宣召李学士即刻入宫！”

“我……我是酒中八仙，今朝有酒今朝醉，天子来呼我也不下船！”

“李学士醉了，”李龟年见李白的话越来越离谱，不由得吃了一惊，赶忙命令左右，“快把李学士扶进轿中，我们一起进宫！”

见李龟年有令，这群随从们焉敢不从。几个人上前七手八脚就将李白扛了起来，扶下了小船，塞进一顶四人抬的小轿里，一溜烟地抬到皇宫。

一直抬到了玄宗皇帝的面前，李白犹在酣睡。李龟年见状立即命人汲来两桶凉水，劈头盖脑地浇在了这位翰林学士头上。好家伙，这时候的翰（旱）林学士成了“水林（淋）”学士。

你还别说，这一招还真管用。

“水林”学士李白激灵灵打了个冷战，睁眼一看，玄宗皇帝和杨贵妃正笑吟吟地看着自己，急忙翻身跪倒，口称“死罪”。

天子倒也并没有怎么难为酒仙，他只是请酒仙快点变成诗仙，为他写出几首新词来。

这对别人来说可能是难事，在李白看来可是小菜一碟。

只见他稍一沉吟，立索纸笔，刷刷点点在纸上写就了三首新词。这就是传诵千古的《清平乐》三章。

其一

一枝红艳露凝香，云雨巫山枉断肠。
借问汉宫谁得似？可怜飞燕倚新妆。

其二

名花倾国两相欢，长得君王带笑看。
解释春风无限恨，沉香亭北倚阑干。

其三

云想衣裳花想容，春风拂槛露华浓。

若非群玉山头见，会向瑶台月下逢。

词成，精于音律的李龟年立即按宫分商地给每首词都度了曲子。已经唱过不少李学士词的乐工们基本没怎么排练就唱出了这三首新词。

玄宗皇帝见李白出口成章，且将名花比贵妃，心中十分高兴。贵妃娘娘也很喜欢。

高力士却在一旁打开了鬼主意。他虽然读书不多，但有些粗浅的历史常识却是知道的。当李白退下之后，玄宗皇帝出去更衣去了，偌大的一间宫殿里只剩下了高力士和杨贵妃两个人。

“名花倾国两相欢，长得君王带笑看……”杨贵妃大概是觉得这两句写得太棒了，口里兀自在念个不停。

“贵妃娘娘，何不念念‘一枝红艳露凝香，云雨巫山枉断肠’？”

“干吗？为什么要念那首词？”

“那首词最后有两句‘借问汉宫谁得似？可怜飞燕倚新妆’！”

“这两句词怎么了？”

“这两句词把贵妃娘娘比作‘飞燕’，贵妃娘娘可知道那‘飞燕’是谁吗？”

“是谁？”

“就是汉代赫赫有名的赵飞燕嘛！”

“什么？他……他竟敢把我比作赵飞燕？”杨贵妃气得玉脸生嗔，柳眉倒竖。

为什么一提到赵飞燕，杨贵妃就由喜转怒呢？

原来，这位赵飞燕是汉朝赫赫有名的荡妇。她与其妹赵合德同嫁汉成帝，却又同时与一个名叫燕赤凤的男人私通。李白将杨贵妃比作赵飞燕，可能只是取其美貌，而没有什么恶意，但经高力士一发挥，就变成了“恶意诽谤”了。

唐代的政治虽然比较开明，也没有后来意义上的“文字狱”，但由于有高力士和杨玉环这两个最受皇帝宠爱的“红人”不断地在皇上面前吹风，天长日久，玄宗皇帝也就逐渐地对李白不像以往那样亲近了。

李白是何等聪明、乖觉的人，他那颗一向狂放不羁的心灵如何受得这样的疑忌，于是，经常口吐狂言，露出“明朝散发弄扁舟”的出走之意。

倘若李白不露这个口风，玄宗皇帝也不会撵他，现在李白露出口风，玄宗不再挽留。他这个皇帝也有个脾气，对手下的人，尤其是文臣学士喜欢随其自然。先于李白的一位名叫孟浩然的大诗人，玄宗皇帝一开始本想让他做官，但听到他吟出“不才明主弃，多病故人疏”这两句诗，知其有归隐之志后，就立刻放他出京了。

本来想要“致君尧舜上，再使风俗淳”的李白就这样离开了长安。

赶他走的是玄宗皇帝，但究其本原，罪魁祸首却是高力士，帮凶则是杨贵妃。

上述屡见于话本小说中的这些传闻，倒也并非是一点根据都没有的“无稽之谈”。《旧唐书·文苑传·李白》中有“玄宗度曲，欲造乐府新词，亟召白。白已卧于酒肆矣，召入，以水洒面，即令秉笔。顷之，成十余章，帝颇嘉之。尝沉醉殿上，引足令高力士脱靴，由是斥去。乃浪迹江湖”。这一段见于正史的记载，可以证明李白之被逐，确与高力士有关。

高力士巧妙地通过杨贵妃除掉了自己的仇敌李白，报了李白曾让他为自己脱靴之辱。

唐玄宗天宝十四年（755 年）十月，一向被唐玄宗视为忠臣的安禄山反于范阳。短短几个月的工夫，叛军就攻破潼关，直指唐王朝的首都长安。

为了活命，玄宗仓皇逃往四川。由于走得匆忙，只有高力士、杨贵妃、太子李亨、宰相杨国忠和韦见素等人随行。

当他们一行人走到陕西兴平县马嵬驿时，随侍保驾的禁军士兵在其主将陈玄礼的带领下要求“清君侧”——杀杨国忠。诛杀杨国忠后，众人又要杀杨贵妃。

玄宗皇帝听人说禁军士兵要杀杨玉环，死活不肯答应。这时，高力士出面了，他只问了玄宗一句：“贵妃与国家孰重？”玄宗一想，虽然仍有些不舍，但也不好再说什么，遂赐杨玉环自尽。

给杨玉环送终的人不是别人，仍是我们这位高力士。只不过这一次没有举行什么隆重的仪式。

我相信，高力士也不是无情无义、不念旧情的人。只是在当时，一边是群情激昂哗变后杀红眼的士兵，另一边是犹疑不决不舍抛弃爱人的皇帝，这样的情势下，为顾全大局，保皇帝平安，只能由他来充当这个恶人。我也相信，他是别无选择。

陷困境，智为上皇解围
遭嫉恨，苦被奸宦流放

肃宗上元元年（760年）八月，刚刚从蜀中回长安不久的太上皇李隆基，被其子肃宗李亨移居到西内甘露殿。李隆基本住南内兴庆宫，为什么突然被转移？

原来，已年过古稀的玄宗十分念旧，经常回忆起那些辉煌的往事。

只是此时“西宫南内多秋草，落叶满阶红不扫。梨园弟子白发新，椒房阿监青娥老”，已非旧日景象。

最令玄宗不能适应的是，他过去一向握在手中的权力已被儿子夺去。于是，他像“老小孩”似的搞了一次恶作剧。

上元元年年初，唐王朝剑南奏事官来长安奏事，听说太上皇仍然健在，就想去拜见一下。

按照常规，玄宗皇帝该当避嫌不见才是，但玄宗皇帝却偏偏见了。不仅自己见了，而且他还命自己的亲妹妹持盈公主代他设宴招待客人。

在酒宴之中，一向对新皇帝不怎么满意的持盈公主多喝了几杯，可能说了几句不该说的话。事为肃宗皇帝面前的红人大宦官李辅国所侦知，就添油加醋地汇报给了肃宗。

“南内有异谋。”李辅国这位养马小厮像了解他的马匹一样地了解他的新主子。他知道刚刚登上皇位不久的李亨最害怕的是什么，所以，一开口就切中到要害。

“唔？有何异谋？”李亨果然中计。

“小人探得他们密谋拥立太上皇复位，废掉陛下！”

“怎么会有这等事？上皇乃是朕的生父，焉有父夺子位的道理？”李亨有些不信。

“退一万步说，即使上皇不曾与闻其事，他身边的人如高力士，还有持盈公主等人，陛下怎能担保他们不生攀龙附凤之心？”

“那么，依李爱卿之见，该如何处置此事？”一听李辅国提到高力士、持盈公主，肃宗皇帝的口气登时软了下来。

“上皇现在所居之南内临近通衢，为外官入宫陛见的必经之地。为了避免今后再有类似的事情发生，上上之策莫过于请上皇搬家，挪挪地方。”

“挪地方？往哪里挪？”

“当然不能挪到宫外去。”李辅国见皇帝已经“上路”，不失时机地献上一计，“现在西内甘露殿正好空着，收拾收拾，请太上皇驾幸西内，那里地处宫廷深处，正好便于颐养天年。这样，外可使陛下不负不孝之名，内则可免复辟之事。请陛下三思！”

“这样也好，”肃宗见李辅国把话说得这么“透彻”，也不好意思再说什么，顺口说道，“你去办这件事吧！”

一见有人给自己撑腰，李辅国的胆子立即壮了起来。

上元元年十月甲寅日，李辅国谎称奉肃宗皇帝之命，请太上皇移居西内。

当玄宗皇帝骑马来到睿武门时，突见李辅国率领五百名全副武装的禁军士兵一字儿排在门前。

虽然经历了安史之乱，早年也曾率兵铲除过太平公主和韦氏群奸，但李隆基毕竟是当惯了太平天子，哪里见过手下的人舞刀弄杖的，所以，差一点给吓得滚下马来。

就在这千钧一发的时刻，随侍在侧的高力士抢前一步，挡在了玄宗皇帝的马前，高声喝道：“李辅国，你要干什么？”

“奉皇上之命，前来给太上皇护驾！”李辅国皮笑肉不笑地说。

“护驾？我看你是想来犯驾的吧？”高力士一针见血地反驳道。

“不要再给我摆你从前骠骑大将军的谱儿！”李辅国恶狠狠地说，

“你也不看看现在当政的是谁？”

“我不摆谱，你能把我怎样？”高力士毫不示弱。

“我怎敢把高大将军怎么样？”李辅国冷笑了一声，手起刀落，砍死了站在高力士身旁的一个小太监。然后，他若无其事地说：“不过杀个把人却是件稀松平常的小事！”

此时的形势，对高力士十分不利，因为对方手下有五百名全副武装的禁军士兵，自己手下却只有几十名老的老、小的小的太监。一旦李辅国杀红了眼，自己的命搭上不说，恐怕连太上皇本人也性命难保。

情急智生，高力士高声喝道：“太上皇是几十年的太平天子，福大命大造化大，李辅国不得无礼！”然后，他转头对着那五百名禁军士兵高喊：“太平天子太上皇问禁军众儿郎们好！”

这条计策甚是凶险，幸亏那五百名禁军士兵并不像李辅国那样心怀叵测。这些人一听皇上（尽管是太上皇）向他们问好，立刻丢下手中的兵器拜了下去，口里连呼“太上皇万福”。

见这一招分化了李辅国阵营，高力士趁热打铁，命令李辅国：“还不快给太上皇牵马！”也许是慑于高力士的正气，也许是见手下五百名士兵都已拜倒在地，李辅国遂不敢再轻举妄动。

玄宗平安地由南内兴庆宫迁到西内甘露殿。李辅国却对高力士恨之入骨。

恨屋及乌，持盈公主也被捎带着一齐“整治”。不久，李辅国矫诏发下一道圣旨，命持盈公主前往玉真观带发修行，将高力士贬往巫州。与高力士同时被贬的还有宦官王承恩、魏悦。

心系旧主，流放地抑郁寡欢
初闻噩耗，归途中悲恸而亡

公元七六〇年十月末，高力士被强行押往巫州。

临行前，他苦苦哀求，希望能与玄宗皇帝见上一面。李辅国派去的人断然拒绝了他这一可怜的请求。

巫州可谓唐王朝的“西伯利亚”。当时，那里的大部分地区尚未得到开发，充满了能置人于死地的瘴气。各种各样的疾病无时无刻不在威胁着这些流放者的健康。

到了巫州，高力士的身体一直不怎么好。他虽然一向号称“百病不侵”，但毕竟已经是七十多岁的人了，何况此次远行，远离了他几十年来很少离开过的玄宗皇帝，心情抑郁，根本没有什么好情绪。

当时的巫州，主要有两种居民：一种是土生土长的本地人，另一种则是些被流放的“外来户”。

在为数不少的“外来户”中，只有一个人和高力士比较谈得来。

这个人姓柳，名芳，原来做过几任小官，因为得罪了李辅国，故而也被贬谪于此。

柳芳本人久闻高力士的大名，高力士又独居寂寞。于是，两人一见投缘，一天天地谈论起开元、天宝年间宫廷中的一些轶闻趣事。

这些趣事被柳芳一一地记录下来，后来辑录成一个册子，书名叫《问高力士》。此书并没有得到流传。幸亏稍后于他们的宰相李德裕编撰了一本《次柳氏旧闻》，才多多少少地为我们保留了一些当年的历史。

巫州当地的土著居民，还有地方官，可不像柳芳那样尊敬高力士。人情冷暖，世态炎凉，原本就是如此。

高力士却颇有一番感慨。

当时，巫州好多荠菜，但可惜当地的土著居民们不识货，根本无人采食。由荠菜想到了自己，高力士不由得触物伤情，情不自禁中，挥笔写下了一首流传至今的五言咏荠菜诗：

两京作芹卖，五溪无人采。

夷夏虽不同，气味终不改！

这首诗言近而旨远，把荠菜比作芹菜，借咏荠菜而明自况，说明自己不会因所居之地不同而改变对皇上（当然是太上皇）的忠诚。即使是那些地方官不能理解（无人采），也毫不动摇。

高力士不是职业文人，流传下来的作品也就是这么一首而已。

尽管他有过这样或那样的缺点，但他对玄宗皇帝的忠心却至死不渝。

肃宗上元三年（762年）四月，李隆基、李亨父子相继逝世。

刚刚登基的肃宗长子李豫宣布大赦天下。

已经七十八岁高龄的高力士被恩准回长安。在北返途中，经过湖南朗州时，碰上了一批刚从京城回来的客人，他才知道自己朝思暮想渴望一见的玄宗皇帝已经与世长辞，那位曾经尊称他为“二兄”的肃宗皇帝也已晏驾。他顿时觉得这世上的一切都如过眼云烟，一切的一切都不过如此。

于是“北望号恸，呕血而卒”。面对着遥远的北方，号啕大哭，他是在哭自己的命运？还是在为再也不能见上一面的玄宗皇帝而哭？没有人清楚。

史书和当时人的记载中都只是简单地告诉人们，高力士是因悲恸呕血而死的。

这，也就够了。

高力士亡故之后，唐代宗李豫为了收买人心，也为了显示自己的胸襟远比乃父肃宗李亨宽广，特意派人前往朗州致哀，并下诏书，追赠高力士为扬州大都督，恩准他陪葬在唐玄宗的陵墓——泰陵之侧。

高力士生前虽然没能再见到李隆基，但死后却能靠在他的旁边，继续侍奉左右。这大概也是他们主仆之间缘分的再续吧！

单单就高力士对主子唐玄宗的这份忠心，他就担得起“千古贤宦第一人”这份荣誉！

打坐诵经、吃斋念佛的太监

——唐代宦官李辅国

◎善养马亦善拍马　粗知书唯不知耻

◎不茹荤血，如佛门居士　有吏数十，似特务鼻祖

◎权势炙手称五郎　贪心不足欲难偿

◎狗胆包天斥皇帝　作茧自缚丢性命

唐代宗广德元年（763 年）十月十八日，唐王朝西京长安出了一件稀罕事。

前司空、中书令李辅国突然死在他的豪华宅邸之中。

大臣亡故，这算不了什么，因为生老病死，乃是自然规律，何况李辅国只是前任的司空、中书令，并非现任的官儿。

但李府上下却对李辅国的死因讳莫如深。对于前来致祭的人，他们都只称李大人暴卒。

这暴卒可以作几种乃至几十种解释，其最常见的字面意思是“暴病而卒”。

李府要的就是这模糊的含义。

其实，这暴卒还有另外一种解释，那就是死于非命。

李辅国李大人究竟是暴病而卒呢？还是死于非命？

这几乎成了当时的一桩悬案。

事实上，李辅国是死于非命，被别人害死的。

害死他的人是官府口中所谓的“贼”。《旧唐书·宦官传》中有这样一段记载：“十月十八日夜，盗入辅国第，杀辅国，携首、臂而去。”

盗贼为什么要杀李辅国？这显然不是简单的谋财害命，因为杀人者割去了李的脑袋和胳膊，无疑是对他恨之已极。

什么人会这样地恨李辅国呢？

换言之，李辅国一生之中都干了些什么，使得别人对他这样恨之入骨呢？

善养马亦善拍马 粗知书唯不知耻

与唐代其他有名的大宦官不同，李辅国的出身甚为奇特：他原来是个养马的。

这养马之人本属于下九流。李辅国比下九流略微高了那么一点，他是替皇上养马的。

据《旧唐书·职官志》记载，唐代皇宫中的御马统统由尚乘局掌管。尚乘局有奉御二人，官从五品上；直长一人，官正七品下；奉乘十八人。官正九品下；司库一人，官正九品下；司廪二人，官正九品下；书令史一人，书吏十四人，无品。其中，奉御官执掌内外闲厩之马，“辨其粗良而率其习驭，直长为之贰”。

李辅国虽然善养马，但一开始时并非马官，不但不是什么奉御、直长，甚至连正九品下的司库、司廪也不是。

《旧唐书·宦官传》上说他一开始时不过是个“闲厩马家小儿”而已。

而且，李辅国一开始也不叫李辅国，李辅国是他发迹以后才使用的名字。当时，他叫李静忠。

这个李静忠长得极其丑陋，但天资却不笨。经过几年的努力，他“粗知书计”，因而被当时宫中赫赫有名的大太监高力士收为贴身小厮。这时，李静忠正式自阉入宫，成了一名小太监。

这太监的活儿也真不是人干的。

世人一提起太监，不是骂他们是“刑余之人”，就是羡慕他们可以左右皇帝，是实际意义上的宰相。

其实，这两种想法都是不怎么确切的。

宦官是伴随着封建婚姻制度中一夫多妻制产生的一个怪胎，与宦官本人并无多大的关系，并不是宦官发明了宦官制度。这种不人道制度的始作俑者和罪魁祸首都是封建制度。至于一提到宦官，就认为他们可以左右皇帝，那更是胡说，至少是对宫中的情况不了解。

古人在提到将军与大兵的关系时曾经有一句名言，叫作“一将功成万骨枯”。以此来形容那些可以左右皇帝的大宦官与无数小太监的关系也十分贴切。事实上，百分之九十九点九的小太监是爬不上能够左右皇帝的高位的。

前期的李辅国亦即李静忠就是如此。

他在高力士手下当太监，竟然一干就是二十多年，直到四十多岁的时候才好不容易混上一个连正九品下都算不上的书令史，执掌厩中簿籍。

到了唐玄宗天宝七年，尚乘局改隶闲厩使，一个名叫王铁的人当了闲厩使，李静忠的前程这才有了一线曙光。

王铁这人本是当时的太子李亨的心腹。他知李亨比较喜欢马，所以，就四处物色，想替太子爷寻一个得力的太监。

上任后不久，正逢几天一次的“进马”仪式。

这“进马”，打个不伦不类的比方，有点像近现代英国王宫前的卫兵换岗一样，是唐代宫廷中一项比较壮观有趣的仪式。

据史料记载，当“进马”之日，尚乘局的人牵着八匹高大的骏马，分为左右厢，立于正殿之侧宫门外。与这些骏马相连的是西南夷进奉的大象。对于这些作为仪仗之用的骏马的要求是“动随音乐，静如处子”。

马虽是宝马，毕竟还不能像人那样，所以，要有驯马员。这驯马员在“进马”时一般要“戎服执鞭，侍立于马之左”，他们的任务是促使厩马随音乐进退。

就在王鉷上任后举行的第一次“进马”仪式上，作为仪仗用的八匹马中，竟然有一匹在音乐尚未响起之时就动了起来。

这可是大失礼仪的事。皇上若是怪罪下来，除了要把这匹马逐出闲厩以外，可能还会怪罪养马之人，甚至归罪闲厩使。

王鉷这一惊可非同小可。他正要亲自去牵那匹马时，却见一个太监模样的四十岁左右的中年男子抢上前来，也不知用了什么手法，登时止住了那匹马的躁动。

“好，好！”王鉷本要开口惊呼，见了此情此景，立即改为由衷地叫好。

“快把那人给我叫来！”仪式一结束，王鉷就迫不及待地命令说。

“属下李静忠参见王大人！”原来，这个驯马人就是李静忠。

“你叫李静忠？刚才露的那一手不错啊，你是跟谁学的？”

“属下自幼就在厩中养马，迄今已近三十年。这点微末本事实不足污大人法眼，小人都是自悟的。”

“你在宫中待了这么长的时间，一向都是侍候谁啊？”

“属下一直服侍高力士高大将军。”

“东宫太子爷喜欢马，他老人家托我代他寻一个善于养马的人。刚才见你露了这一手，本使觉得你去服侍太子爷比较合适。不知你可愿意去东宫？”

“属下谨遵大人之命！”李静忠当然愿意去了：一来是上司差遣，二来可以做自己的本行，还有一点他不便于说出口，那就是跟了高力士这么多年，扔下四十奔五十的人了，连一点提拔的希望都看不到。他知道这是因为有高力士这个“巨人”挡在自己的前面。自己若不跳出去，恐怕会永远被遮掩在这巨大的阴影里。而足以与高力士相抗衡的，举国上下，恐怕也只有这位太子爷了，所以，一听王鉷要推荐自己去东宫，李静忠忙不迭地就答应了。

到了东宫以后，李静忠很快就取得了太子李亨的信任。

不久，“安史之乱”爆发，玄宗皇帝逃往蜀中避难，在陕西兴平马嵬坡“六军不发无奈何”，使得杨玉环“宛转娥眉马前死”。

玄宗与太子也几乎翻了脸。

“粗知书计”之事的李静忠见机计上心头。他替太子李亨出了一个主意：与玄宗皇帝分道扬镳，不去蜀中，而是北上，前往灵武。

李亨是何等乖觉的人。他当时虽然还是太子，但由于乃父当了四十多年的太平天子，所以，他这位太子爷可也不年轻了。多年来一直生活在乃父的巨大阴影里，使得他与李静忠有一种同病相怜的感觉。同病相怜的人，心意最容易相通。再加上李静忠的主意也确实对他本人有利，何乐而不为呢？

当时，随玄宗等人出逃的禁军士兵不过千人。李静忠鼓动如簧之舌，一下子为李亨争取来了一大半，他倒是满有理的：

太子北上朔方，正欲攻逆贼的根本之地，一千禁军全部带上恐怕都不敷使用。因为考虑到玄宗皇帝前往蜀中虽然一路并无敌踪，但仍需有人保护，所以才只分其一部北上。这样做，于玄宗皇帝，太子尽了孝，于大唐王朝，太子尽了忠。

古人常用“巧言令色”形容奸佞之人。“令色”就是美貌。李静忠虽无“令色”，但却是个标准的“巧言”专家。

他的一番花言巧语，竟然成功使李隆基与李亨父子分离。

马嵬坡分别之后，李静忠跟随太子北上，不一日便来到了甘肃的灵武。

这里，在今天看来是偏于一隅，但在当时却是唐王朝的一个要害之地。与灵武相比，蜀中真有点“大后方”的味道。

见身边的这位太子爷口里不说，心里却无时无刻不想把“储君”的称号换成“国君”，李静忠觉得攀龙附凤的机会到了。

要攀龙，就要使眼前的“龙”成为真正的“龙”。

李静忠为了实现这一目标，三番五次地呈请太子即皇帝位，“以图兴复大业”。

原本就有心于此的李亨禁不住“三让”，于天宝十五年（756年）七月甲子日，在灵武即位，是为肃宗，同时，遥尊玄宗皇帝为太上皇。

投桃报李，李亨当上了肃宗皇帝之后，立即将李静忠提拔为太子家令、判元帅府行军司马事，并“以心腹委之”。

李静忠也被赐以新名李护国。

不茹荤血，如佛门居士
有吏数十，似特务鼻祖

中国古代有句歇后语，叫作“老虎戴念珠——假充善人”。它形象地概括了一种假仁假义的人的伪善行为。

李辅国（此处应当称他为李护国）就是这样的一只“老虎”。

据《旧唐书》记载，李护国“不茹荤血，常为僧行”——吃素食，不动荤腥，而且“视事之隙，手持念珠，人皆信以为善”。一般不明真相的人还以为他真的是个一心向善的佛门居士呢！

其实根本不是那么回事。

按照佛教的戒律，佛教徒在入教时必须于师前受三皈依：即皈依佛，以佛为师；皈依法，按佛法办事；皈依僧，以僧为友。入教后在家修行的居士要遵守“五戒”，即不杀生、不偷盗、不邪淫、不饮酒、不妄语。居士每年还要在一定的时期里去寺庙接受八种戒律，称为“八关斋戒”。“八戒”就是在五戒之外再加上不眠坐高广华丽之床，不装饰、打扮及观听歌舞，不食非时食（即正午过后不吃饭），前七项为戒，后一项为斋。这比五戒要求更严，但不像五戒那样要终身履行。这是临时性的，多者几天、几周，少者要遵守一昼夜。至于出家的和尚比居士遵守的戒律更多，中原地区的和尚要守二百五十戒，尼姑要守三百四十八戒。

李护国连居士最起码要守的“五戒”，他也连犯两条：既杀生，又妄语。

公元七五七年二月，唐军主将郭子仪收复河东。肃宗李亨因之从灵武东移至凤翔。

其时，陇右、河西、安西及拔汗那、大食诸国人援兵皆会，江淮庸调亦至，长安人千里来归者日夜不绝。李亨认为这都是自己早登龙位之功，而自己能够早登龙位，李护国功不可没，于是，命令升迁李护国为太子詹事。这太子詹事已是正三品的大官了，同时，再赐李护国新的名字：李辅国。

公元七五七年十月，唐军击走安庆绪，肃宗皇帝返回长安。李辅国无功受禄，再一次升官。这一次他的官职简直多得数不清，仅见于史书记载的就有：殿中监、闲厩、五坊、宫苑、营田、栽接、总监等使，又兼任：陇右群牧、京畿铸钱、长春宫等使，又兼任：勾当少府、殿中二监都使。不久，李辅国又被加封为开府仪同三司、郕国公，实封五百户。

在李辅国以前，除了高力士，还没有任何一个宦官能享受到如此的殊荣。

这一时期的李辅国官越做越大，手段也越来越毒。

李辅国本来已经是一人之下、万人之上的宰相级官员了，“宰臣百司奏事”也“皆因辅国上决”，但他仍然不满足于手中的权力。

李辅国有句“名言”，叫作“口服为下，心服为上”。为了使所有的人都对他心服口服，李辅国又干起了特务勾当。

一般的史学家或历史著作，都认为到了明代，太监们才开始从事特务活动。其实，早在唐代，李辅国就已经开了先河。

李辅国成立的特务组织名叫“察事厅子”，办公地点设在大内的银台门，整个组织有数十名成员。他们的主要任务是对朝中大小官员的一举一动进行暗中侦察，凡有不利于李辅国的言行一律记录下来上报。

这“察事厅子”们虽然没有现代意义上的特务手段，但他们对李辅国之忠心、嗅觉之灵、访事之细，却也叫人叹为观止。

唐代有一种游戏叫作蹴球。其玩法与后世的足球有些相似：一般要在地上插两根高数丈的竹竿，在上面系上网，然后将“球工”分为“左右朋”互相往对方的球门里踢以决胜负。当时，有一个名叫李绅的小官与人玩这个游戏时耍了点小聪明——把自己一方撑网用的竹竿挪近了少许，使得对方不易进球。由于李绅手脚灵活，做得巧妙，所以连与他一起蹴球的对手都没有发现这一秘密。

第二天早朝后，李辅国派人叫住了那个小官，说是有事和他说。

那小官也不知李辅国李大人有什么话要对他说，还以为是要升他的官呢！谁知李辅国见面后劈头就问了一句："你昨天蹴球的时候干得不错啊！"

那小官以为李大人是在夸他，连称"不敢，不敢"！

只见李辅国把脸一沉，沉声说道："战场上讲究兵不厌诈，球场上你也要弄手段捣鬼吗？"

"小的不明白大人说的话！"

"大胆，还敢抵赖！"李辅国仿佛故意想让更多的人听见似的，高声说，"我来问你，那蹴球场上的球门两竿之间的宽度应为八步，昨天你自己一方的球门宽几步？"

"回大人，也是八步啊。"

"要不要我把昨天量下来的尺寸告诉你，你这混账东西！"李辅国一边说着，一边把一张纸条丢在了那小官的身前。那小官捡起来一看，纸条上只有三个字"七步半"，不由得魂飞天外，因为他昨天确确实实把竹竿往窄里挪了半步。

李辅国见那小官变了颜色，遂莫测高深地说了一句："好了，这事就算完了，你以后再与别人蹴球时可不能再玩什么花样了！"

这件事不知怎的，竟不胫而走。自兹以后，李辅国察事如神的名声一下子传遍了整个京都。李辅国也借此机会大权、小权一把抓，"府、县按鞫，三司制狱必诣辅国取决"。就连断一个小小的刑事案件，有些知府、知县也要找李辅国拿主意，请他定夺。

有几个刚正不阿的府、县官员想要抵制，但李辅国一面动用特务组织"察事厅子"，一面假传圣旨，把自己所说的每一句话都说成是皇上说的。这种伎俩，倒也叫那些只反贪官、不反皇帝的人毫无办法。

权势炙手称五郎 贪心不足欲难偿

大概是从魏晋南北朝时代起，中原一带的汉民族封建士大夫开始推崇一种“九品中正制”。其核心就是把每个族姓的人根据其在历朝历代任官的多寡而分为望族和寒族。传统启蒙教材《百家姓》因为编写于宋朝，所以，其第一个姓氏是皇家姓氏“赵”。在《百家姓》以前，隋、唐，尤其是唐代是很讲究姓氏的。唐代国姓是李，所以李姓从理论上说最为尊贵。但这李姓虽然都是“十八子”，却仍有郡望之分，一般说来，太原李氏最为尊贵。

当时，有一个名李揆的陇西人，因为“门第、人物、文章皆当代所推”，被当时的人称为“三绝”。这位“三绝”式的人物都不敢与李辅国平辈论交，而是称李辅国为“五父”，而且要像模像样地对他执子弟之礼。由此可见李辅国权势之大了。

大约在肃宗返回长安后不久，长安城内突然出现了一些小股匪徒。

这些匪徒经常在光天化日之下杀人，杀了人之后把死尸随随便便地往沟里一丢了事。

贪生怕死的李辅国一下子露出了庐山真面目。当时，唐王朝皇城之内的保卫工作由两个并行的衙门——南、北衙负责，但还有一支直接隶属于皇帝的部队，这就是人们通常所说的羽林军。

这些羽林军大都是能征惯战、武艺高强之辈。他们本来是专门保护皇帝安全的，但李辅国为了保证自己的安全，却下令这些人统归他本人指挥。平常的时候住在大内，倘若他本人有事出宫时，这些羽林军都要紧随其身前身后。

这种置皇帝的安危于不顾，而只顾自己的做法，招致许多人的不满。

李辅国可不管别人说什么，反正他照样是我行我素。

也难怪他敢于如此猖狂，因为除了皇帝支持他以外，朝中还有许多人替他抬轿子。就连那些平日里见了大臣们不可一世的中贵人（指帝王身边显贵的侍从宦官），对李辅国也不敢稍有半分不敬，称呼他时用“五郎”，而不敢直呼其名。

李辅国虽然富贵已极，但因自己出身微贱，老觉得别人瞧不起他。因此，凡是在他微贱之时比他强的人，他全要不遗余力地加以陷害。

玄宗皇帝李隆基是他旧时的主子，大宦官高力士是他微贱时的顶头上司。由于已是肃宗时代，李辅国对这两位已经失去权柄的老上司既恨又怕。回到长安之后不久，他就借“长庆楼事件”（详参本书有关高力士的章节），将李隆基软禁在荒凉的西内，又将高力士带病流放巫州。

由于李辅国一而再、再而三地为肃宗皇帝立下汗马功劳（包括欺侮玄宗、流放高力士），李亨对这位李公公十分宠信。

见李辅国年近五十而孑然一身，肃宗便亲自下令，给他娶了个如花似玉的妻子。李辅国的这位夫人可不是一般的小家碧玉，而是出身名门。她是唐王朝“故吏部侍郎元希声侄擢女”，即已故吏部侍郎元希声的侄子元擢的女儿。

见李辅国有了开府仪同三司、郕国公的头衔以后，还想弄个实实在在的大官当当，肃宗立刻于上元二年（761 年）八月下旨，拜李辅国为兵部尚书，其余的官职仍然保留。

为了使朝中大臣对李公公出任兵部尚书不致心存轻视，肃宗皇帝特意下令让满朝文武在尚书省聚会，为李辅国庆贺，又当着众人的面，赐给李辅国御府酒馔、太常乐和武士戎服。

肃宗皇帝之待李辅国，可谓天高地厚，而李辅国对肃宗皇帝乃至整个朝廷可并不懂得知恩图报。

当上了兵部尚书以后，李辅国又做起了宰相梦。

宰相是随便什么人都能当的吗？当然不是。

在我国封建社会，自有宰相官职以来，宰相就是一人之下、万人之上，权力仅次于皇帝。皇权和相权之间的矛盾几乎贯穿了封建社会始终。即使是到明朝废除了宰相，也只能说，名义上的宰相之职没有了，权力之争却从未停止。比如明朝虽废除了宰相制，却诞生了内阁。原因很简单，事情太多，皇帝一个人是干不完的，不配个智囊秘书团得累死他。

由此可见，皇帝和宰相其实是一对矛盾体。皇帝不想给宰相过大的权力，但是宰相没有太大的权力很多事情就没法去做；皇帝不希望宰相过于能干，但是不能干的宰相又不能很好地为其分担各项事务。所以，各个朝代为了平衡皇权和相权也是各显其能。

唐朝沿袭并完善了隋朝的三省六部制。门下、中书、尚书三省长官都是宰相，这就将相权一分为三。虽然每个宰相的权力削弱了，但是并不代表担任宰相之职的人的能力可以相应降低。李辅国的水准，肃宗还是很清楚的。这三个宰相职位李辅国没有一个能够胜任，但他却不度德量力，整天软磨硬泡非逼着肃宗皇帝答应了他的请求不可。

把个肃宗皇帝搞得左右为难：答应他的请求吧，那是把国家大事当成儿戏，满朝文武没有一个满意；不答应他的请求，这位恃宠而骄的李公公整天没完没了。

思来想去，琢磨了好长时间，肃宗有了一个主意。

有一天退朝以后，肃宗叫住了中书侍郎萧华、左仆射裴冕，说是有要事与他们相商。见皇上亲自挽留，两人觉得兹事体大，各人心里都在考虑会有什么事情发生。

等到大臣们都走光了之后，一向乖觉的裴冕觉得今天要谈的事极有可能与李辅国有关。因为以往肃宗皇帝召见群臣或单独接见某位显贵有所垂询时，李辅国总是随侍在侧，但今天肃宗却把李辅国给支了出去。

裴冕之所以联想到皇上留他们是要谈李辅国的事，还因为李辅国曾在不久以前以重金收买裴本人为其撰写保荐表章。这道纯属应付的表章，想必皇上已经看到，所以要找他们说说清楚。

果然，肃宗皇帝一开口就道出了正题："今天请两位爱卿留下来，是因为有一件事难以决断。"

"陛下圣明，何事会令陛下难以决断？"

"李辅国屡次三番恳求朕任他为宰相。任他吧，他肚子里的那点水能浇多少地？若不任他吧，叵耐这厮还有灵武劝进之功。取舍之间，最是难缠……"

“依臣观之，”萧华当即跪下叩头说道，“权出自上，陛下倘若觉得李辅国可用则用之，倘觉得其不可用，则不用之。臣等并无异议。”

肃宗皇帝听了萧华的话心里很是不满，心想：这种模棱两可的话亏你说得出口！要是有两全之策，我还问你干什么？

裴冕见皇帝面呈不悦，知道此时必须明确表态，于是，开口说道：“李辅国不可为相！”

“裴卿何出此言？”肃宗略感诧异地问，“几天以前你不是上过一道表章，专门向朕推荐李辅国足堪大用吗？”

“是的，臣是上过一道表章，”裴冕直言不讳地坦承道，“但是，臣在表章中只是说李辅国足堪大用，却并没有请皇上任其为宰相！”

“唔？”肃宗饶有兴趣地问，“难道这二者之间还存在什么差别不成？”

“古往今来，历朝历代，当朝宰相只有一人，最多不过数人，而足堪大用之臣车载斗量，数不胜数，并不是每个足堪大用者都能拜相！”

“裴爱卿言之有理。”肃宗这次倒是真心地赞了裴冕一句。他接着问道：“依裴卿之见，朕该如何处置此事呢？”

“当然是恩出自上。”裴冕先恭维了肃宗一句，这句话看似废话，但却不能不说。据说宋代那位赫赫有名的包拯包大人在与皇帝廷争该立谁为太子时没有说这句话，就曾惹得皇帝老大的不高兴。那位宋朝皇帝老子满脸不高兴地问包拯“是你当皇帝，还是我当皇帝”，吓得包拯只好连忙跪倒，口称自己已年过古稀，并无丝毫的不忠，才使得皇上怒意稍缓。裴冕也是个“老仕途”了，他当然不会不懂这种惠而不费的口头恭维，但裴冕毕竟是裴冕，他接下来说的话别人就说不上来，至少并不是所有人都敢这样说。只听他不慌不忙地说道：“但依臣愚见，陛下万勿破此恶例。”

“倘若朕真的要破这个例呢？”肃宗皇帝有心与裴冕较个真，开玩笑道。

“臣臂可截，李辅国决不可带平章事！”裴冕斩钉截铁地说。

“好！”肃宗皇帝再一次赞扬他。虽然裴冕对他所说的最后这几句话带有几分赌气的味道，但在他心里却真的有些喜欢这位裴爱卿了。于是，他又增加了几分真诚地问：“裴爱卿说得固是不错，但李辅国跟随朕这么多年，鞍前马后的，立下了不少功劳。他的这一请求我们若是一下子就给驳回了，恐怕于他的面子上也有些过不去。”裴冕明白了皇帝的意思，他是既不想给李辅国宰相的位置得罪满朝文武，又不想因为不给李辅国宰相高位而得罪李本人。

“这也好办，”裴冕胸有成竹地说，“李辅国跟随陛下这么多年，没有功劳，也有苦劳，我们也不能做得太绝。陛下倘若觉得于心不忍，宰相以上的其他虚职可以随便赏他一个，比如说骠骑大将军，或太子太师、太子太傅、太子太保什么的。倘若封他这些官职，想必满朝文武谁也不会有什么异议！”

“好，就依裴爱卿说的办！”

肃宗皇帝也真是，这番便殿接见大臣，讨论李辅国的升官请求，本来是不应当让当事人知道的。也可能是觉得自己与李辅国的关系非比寻常，所以，几天以后，他就忍不住一五一十地把一切都讲给了李辅国听。李辅国听后，不敢把恨意加在皇帝身上，但他在心里却恨死了裴冕、萧华两人。他是个城府很深的人，所以他在寻找时机报复。时机很快就来了！

狗胆包天斥皇帝
作茧自缚丧性命

唐代宗宝应元年（762 年）四月，大唐王朝接连失去了两个皇帝：太上皇李隆基属于正常死亡，而肃宗李亨却是受惊吓而死。

谁敢惊吓皇帝致死呢？这个人当然又是李辅国了。李辅国为什么要吓皇帝呢？话还得从肃宗皇后张氏及太子李豫等人说起。

唐代有几十位皇后，但真正干预政治的却只有三个人。这三个人是：

高宗皇后武氏（则天）、中宗皇后韦氏，还有一位就是肃宗皇后张氏。这三个女人的共同特点是都对政治怀有强烈的兴趣，但其搞政治的手段却有天壤之别。武则天当然是高手，韦氏和张氏，尤其是张氏却是个十分蹩脚的角色。

张氏本是南阳西鄂人，后举家迁徙至昭应。她的祖母是玄宗皇帝的母亲昭成皇太后的妹妹。因昭成被武则天杀害，所以玄宗小的时候就跟着这个姨母。张氏因了这个关系，一入宫就被选去服侍当时还是皇太子的李亨，成为良娣（皇太子妾的称号，地位仅次于太子妃）。在李亨登基前后，张氏的表现还是蛮出色的，有两件事还特别为李亨所称道。

一件是在从马嵬坡到灵武的途中。当时，护驾的士兵不多，且人心涣散，而一路上盗匪四伏，充满凶险。在这种情况下，张氏每天行军都走在李亨的前面。李亨不解地问道："捍御非妇人之事，何以居前？"张氏一本正经地说："我也知道我走在前面起不了什么作用，但我们现在走的是一条危机四伏的路，可谓跋履险难，护驾的军士又常常衣食不给。在这种情况下，倘若前方突然有变，臣妾走在大家（指李亨，唐代宫中多称天子为大家。其时李亨虽尚未继位，但张氏已隐然视其为天子了，故有是称）的前头，可以抵挡片刻，这样，大家可由后而出，或许能救得一时之急！"她这一番话倒说得不假。

另一件是到了灵武之后，张氏产下一子。产子之后，按照常理应该"坐月子"。坐月子，顾名思义，应该一个月不挪窝，等着别人来侍候她，但张氏却在产后的第三天就下床为前方将士缝制军衣。作为丈夫，李亨当然有些于心不忍。他劝妻子说："妇人生产后最忌劳作，现在你刚刚生下孩子不过三天，不应当这么早就干这种累活！"张氏深情地说："大家的好意，妾自当心领。可是现在却并非颐养之时。缝制军衣，当然仅靠臣妾一人之手并不能完成，但倘若妾不率先垂范，又何以号令众人。妾会注意自己身体的，大家还是考虑军国大事去吧，不要老挂记我！"

这件事令肃宗皇帝也十分感动。

然而，"靡不有初，鲜克有终"。一个人做点好事并不难，难的是一辈子做好事。张氏到了后来，就基本上不做好事而尽做一些胡乱干政的坏事了。

她一生一共为肃宗皇帝生过两个儿子。这两个儿子一个是兴王李佋，一个是定王李侗。按照子以母贵的嫡庶观念（这里有必要解释一下，李亨任太子时，张氏只是良娣，太子妃是韦氏。但是韦氏在李亨继位前与李亨离婚了，所以张氏这个妾才被扶上正位），应当从张氏的两个儿子中选一个当太子。但肃宗皇帝一来因为兴王李佋早卒，定王李侗年幼，二来从当时号令天下，指挥部队的需要出发，还是选定了一个庶出的儿子李豫为太子。张氏见自己苦心孤诣地为丈夫尽忠，却没能给亲生儿子换来一顶太子的桂冠，心中自是有气。只是由于定王年纪太小，而天下又一直没有安定下来，才一直隐忍不发。

玄宗皇帝去世，肃宗大概哀伤过度，也跟着病倒。眼见丈夫将要一病不起，而太子又非自己亲生，张氏再也忍不住了，她决定孤注一掷。

四月甲子日，张氏以皇后的身份召太子李豫入宫，对他挑拨说："眼下皇上病重，而李辅国久典禁军，制敕（皇上的各种命令）多出自他之口。一旦皇上仙驾归西，李辅国等人极有可能领军作乱，为今之计，不知太子有何高见？"

"儿臣愿闻母后指点。"李豫恭谨地说。

"你领兵去把李辅国杀了，老身扶保你做皇帝！"张氏咬牙切齿地说。

"这……"李豫吓出了一身冷汗，"那李辅国跟随父皇多年，又久握兵权，党羽遍布朝中，倘若我们不谋定而动，极有可能会变生肘腋。而且父皇玉体欠安，疾病危甚，就算是我们侥天之幸能够得手，也势必会令他老人家感到震惊。因此，儿臣以为此事不可行！"

张氏一听，知道李豫还在观望，她心里暗暗骂道："小杂种，终究不是老娘生的，隔层肚皮差层山啊！你既然不肯听老娘的话，那可就别怪我踢开你另选高明了！"于是她冷哼了一声，说："你所虑也不无道理，好，你先下去吧！"

支走了李豫之后，张氏立即召肃宗的另外一个儿子越王李系入宫，与其密谋先废掉李豫，改立李保为太子，然后派人捕杀李辅国等人。

李辅国安插在皇后宫中的亲信将此事飞报出去。

早已有了思想准备的李辅国闻讯后并不怎么惊慌，他火速派人请来了另外一个名叫程元振的大宦官。两人草草商议了一下，决定以“清君侧”为名，先收捕张氏，诛杀其左右，然后扶保李豫登基。

由于一直统管禁军，所以李辅国手中的实力还是很强的。

为了加强自己的实力，他还打出了另外一张“王牌”，把躲在飞龙厩的太子李豫请了出来，以他作号召。这一着果然是大见成效。禁军士兵一见太子爷也加入了他们的行列，信心倍增，一鼓作气攻进了后宫，将刚刚纠集起来的张氏亲信宦官队伍一举荡平。在两军厮杀时，张氏手下的大宦官朱辉光、马英俊、啖廷瑶、陈仙甫等人均被禁军士兵所杀。张皇后也被李辅国下令逮捕，连同越王李系一起被幽禁于别殿。

昔日安静的皇宫大内如今变成了战场，那些一向养尊处优的太监、宫女们一个个都吓得四散而逃。躺在病榻上的肃宗皇帝也没有人管了。他又气又急，又受到惊吓，第二天就一命归西了。

见肃宗咽了气，李辅国又干起了他的拿手好戏：扶立新君。

他知道，只有手中有“牌”，才能无往而不胜。李豫就是李辅国手中的“牌”，而且还是“王牌”。

为了抬高李豫的威望，也为了给自己树立威信，李辅国在镇压了张皇后及其亲信以后，引李豫见宰相，并以太子的老师自居，同时，广兴株连，先后将驸马都尉陈清、延和郡主的女婿鸿胪卿郑潜贬往边远之地安置。

最后，才像是施舍似的扶立李豫登基，是为唐代宗。

倘若将李辅国此时的言行一一曝光，那他定会是一个活脱脱的挟天子以令诸侯的白脸奸臣相。

新皇登基伊始，李辅国就弄权挤走了当年曾经极力反对他入台阁拜相的萧华、裴冕二人。

一开始李辅国给萧华、裴冕两个人安的是“附逆”的罪名，必欲置之死地而后快。代宗皇帝虽然称不上是个圣明之君，但也多少明白一些事理。他曾经听父皇说起过萧、裴二人，尤其是裴冕曾经据理力争地反对李辅国入台阁为相。他知道，李辅国这是想公报私仇。

多年来养成的比较善良的性格使然，代宗皇帝不愿为虎作伥。于是，他拿起朱笔，亲手批道：“萧华、裴冕二人附逆罪名，事出有因，查无实据，其人虽不思上进，但其年龄令人生悯，着即降职三级使用！”

见亲手扶立的皇帝竟然不听自己的，李辅国大怒不止，忍不住咆哮着对代宗皇帝说：“大家您只需好好地坐在禁中就行了，外面的一切最好不要多管，一切都有老奴代您去做，您看如何？”

代宗皇帝见这个老宦官竟这样瞧不起自己这位真龙天子，心里自然也是十分生气。若是换了别人用这种充满教训的口吻和他说话，他早就让那个人尝尝脑袋搬家的味道了，但对李辅国，李豫目前却不敢表示出丝毫的不满。自己的这个皇位是李辅国给弄来的，尽管他当时就没安什么好心，但毕竟也是个皇位啊！一旦准备不足与他翻脸，可能连这个位置也保不住。现在可能会有人在心里瞧他不起，骂他是傀儡，但若是惹恼了李辅国可能连傀儡也做不成。

代宗皇帝本人也带过兵，打过仗。他知道，没有把握的仗是不能打的。因此，他对李辅国的不逊，装出一副浑然未觉的样子，不但不怪罪，反倒更加尊礼之，甚至当着满朝文武的面，称李辅国为尚父。

这可是一种极高的荣誉了。遍观唐代以前的中国历史，恐怕只有渭水河边垂钓的姜太公吕尚才被周文王尊称过这个称呼。除了姜太公以外，就连那位鞠躬尽瘁、死而后已的诸葛亮都没有享受过这样的殊荣。李辅国被这意外的荣誉冲昏了头脑，以为代宗皇帝真的听了他的话——“大家但内里坐，外事听老奴处置”——遂更加骄横起来。

代宗皇帝却在那里紧锣密鼓地开始了他的“倒李（辅国）”计划。当时，与李辅国齐名的宦官还有一个。此人姓程，名元振，因参与扶立代宗而被封为飞龙副使、右监门将军、上柱国、知内侍省事。这位“后起之秀”本来也是李辅国的同党，但他们自身的素质和修养，注定了他们只能同仇，不能共福。见皇上微露扳倒李辅国的口风，程元振马上献上一计：架空之，渐夺其权。

代宗皇帝觉得程元振说得有理，于是免去李辅国禁军指挥使的职务，改而任命他为司空、中书令。司空虽是个虚衔，但中书令却是中书省的长官，即宰相之一。李辅国终于当上了梦寐以求的宰相。被“宦官宰相第二人”（*第一个是秦朝的赵高*）殊荣冲昏头脑的李辅国，竟然没有意识到自己兵权被夺的危机。

被夺了兵权的李辅国，成了待宰的羔羊。宰相还没做几日，代宗皇帝就下令免去李辅国司空、中书令的职务，而封他为博陵王。

第一次任免时，李辅国还没意识到什么。直到第二道圣旨发下来之后，他才大梦初醒，有些“茫然失据”了。

多年的宦海生涯，李辅国当然知道下一步该怎么做。

他决定以退为进，对代宗皇帝进行新的试探。所以，就在第二天早朝时，他直接来到了中书省。

中书省是宰相办公的地方。以前，这里的人哪一个不认识李公公、李相爷啊，可是今天怎么会一个个板着面孔，像是谁欠了他们几百两银子似的呢？

李辅国暗暗在心里骂道：“真是狗眼看人低！以前，这些猴儿娃子见了老子恨不得叩头下跪，现在见了我竟跟我摆起大爷的谱儿来。哼！别以为老子怕了你们，我手里还有一张‘王牌’呢！谅你们也得服软！”

李辅国自以为是王牌的东西乃是代宗皇帝亲手所写的一道圣旨。那道圣旨上说李辅国可以参与朝会，但却只能在朔、望，亦即每月的初一和十五。

李辅国以为那些把门的守卫目不识丁，看不懂那道圣旨呢！他哪里知道代宗李豫和另外一个大宦官程元振早就把那道圣旨，还有对李辅国的处理办法，都同中书省的人交了实底。要不是这样，那些守门小吏焉敢如此放肆。李辅国最后决定，不管三七二十一硬往里边闯，但这次却仍被把门小吏挡住了，把他气得七窍生烟。

已经到了最后处置李辅国的时候了。

这天，只见代宗李豫正在偏殿同程元振商量什么。

“陛下的意思是？”程元振仿佛嗅出了一点什么似的，悄声问道。

“我什么意思？程将军响鼓不用重锤嘛！”

“好，微臣知道陛下已经是仁至义尽了，我一定尽力去做。”

“程将军你真聪明！”代宗会意地点点头，“好好干吧，十郎（当时禁军士兵对程元振的尊称）！总有一天你是要超过五郎（即李辅国）的！”

见皇上默许了自己的提议，程元振十分得意。退朝以后，他马上着手筹划解决李辅国的事情。

到了具体落实的阶段，问题出来了。最主要的问题是，李辅国统领禁军多年，党羽门生虽然称不上满天下，但也为数不少，要想对他采取一点行动，并不是那么容易。当然，倘若有皇上的旨意，明告天下，将他绑赴刑场正法并不是什么难事，但皇上也投鼠忌器，所以，这事情办起来难免瞻前顾后。

思来想去，程元振有了一个主意：自己不出面，也不动用禁军，而是调用手中的一匹“黑马”。

“黑马”非马，而是一个盗贼的绰号。

这个盗贼据说原来是安禄山之子安庆绪的手下，武功十分了得。轻功更是到了难以置信的程度。据说有一次为了在安庆绪面前显摆自己，他曾经倒爬刀头，露过一手轻功绝活，遂使他名声鹊起。安庆绪败后，“黑马”被程元振罗致门下，专门干一些剪除异己的暗杀勾当，是一名冷酷无情的杀手。

有些人杀人是为了色，有些人杀人是为了钱，但“黑马”却既不好色，也不贪钱。他之杀人，用他自己的话说乃是一种至高无上的享受。他有一句“名言”，叫作“兴之所至，亦刀之所至也”。

当程元振把他请来，说是有一个人，十分了得，问他敢不敢去杀时，“黑马”懒洋洋地问：“那要看这个人是谁？”

“此人可是大大地有名。”程元振故意吊“黑马”的胃口。

“究竟是谁？”

“李、辅、国！”

“好，这活我接了！”“黑马”一跃而起，头也不回就走了。

程元振知道李辅国的命这就算到头了。因为“黑马”其人来无影，去无踪，从来没有失手的时候。

果不其然，两天后一个月黑风高的夜晚，李辅国“暴卒”于家中。“黑马”大概是为了在程元振面前显示自已的本领，竟将李辅国的一只胳膊连同他的项上人头一起砍下带回，交给了程元振，然后，才扬长而去。

有讽刺意味的是，毫不“知情”的代宗本已恨死了李辅国，但最终却又要了一个手腕——在为李辅国的遗体成殓时，命令尚方监连夜赶制一个十分精致的木制人头和一条木头手臂，并要求人头用上等的楠香木制作，而且要做得逼真，能够和李辅国的遗体接上缝。

做好了这些之后，代宗又猫哭老鼠般地下令追封李辅国为太傅。

李辅国，这位生前曾不择手段地想要爬上高位的阉宦死后却如愿以偿，不知他九泉之下有知，会作何感想。

偏爱东征西讨的太监

——北宋宦官童贯

◎插科打诨讨好徽宗　臭味相投结纳蔡京

◎忤逆圣旨催发兵　谎报军情封国公

◎平乱伐辽出尽风头　恶贯满盈受法伏诛

北宋钦宗靖康元年（1126年）七月，广东南雄州，州北大庚岭梅关，盛唐时宰相张九龄曾开辟的驿站此时已经一片荒芜。

但见古道、西风，残阳如血。

钦宗皇帝亲自选派的钦差大臣，北宋王朝监察御史张澄，带着一大群亲随，如临大敌般地押着一个人来到了这里。

“张大人，”那个犯人以并不怎么友善的口吻半像请求、半像命令似的说，“天就要黑了，我们是不是停下来歇歇脚？”

宋代的刑罚制度颇严。读过《水浒传》的人想必不会忘记，那些如狼似虎的解差老爷是如何对待“流犯”的。小说虽有一定的虚构成分，但离历史真实并不太远。这个犯人怎么敢用带有几分命令的口气和“解差”张澄说话呢？

要知道，张澄可是个大“解差”啊。张澄时任监察御史。监察御史是个可以对皇帝以外的任何人进行指控或弹劾的官职，平时连那些宰相级的官员都要对他们客客气气的。

难道这个犯人比宰相还大?

更有意思的是，张澄居然没有生气。他只是淡淡地接了一句，似是有意又似是无意地说道：“是该歇歇了！童上将军。”

言毕，颇为优雅地向左右的人一挥手，说：“快服侍童上将军安息！”

突然间，一个谁也没料到，至少那个“童上将军”没有料到的事情发生了：

张澄的两名亲信手起刀落，斩下了犯人的人头。

这两刀可谓兔起鹘落，随行的那些士兵们大都吃了一惊，他们不约而同地把目光聚集在张澄的身上。并没有想象中的惊慌、叱骂，张澄张大人甚至还带有几分赞许似的点了点头，拿出一个精致的小木匣来，把那颗还在滴血的人头装了进去。

这位被张澄称作“童上将军”的人，他的官职曾经远远超过“上将军”（左卫上将军），他曾经被封为广阳郡王。

“广阳郡王”、“童上将军”就是我们本文的主角，北宋大宦官童贯。

从郡王到将军，从将军到囚犯，最终被杀，枭首示众，童贯走过了一条曲折的人生之路。

插科打诨讨好徽宗
臭味相投结纳蔡京

北宋徽、钦二帝当政时期，政治腐败，民不聊生，但文化艺术，尤其是书法、绘画艺术却空前繁荣。

这一方面是由于生产力的发展，使得当时的社会经济呈现出繁荣景象，有钱、有闲者急剧增加，另外一方面也与最高统治者的亲力提倡分不开。

据史料记载，宋徽宗赵佶治国虽然无方，但其本人却是一个颇有造诣的书法家和画家。他曾经创立了一种新的书法字体——瘦金体，也画了一些传世之作。他还是一名书画收藏家和鉴赏家。

宋代的书法，像唐、宋时的散文有“八大家”一样，有所谓的“苏、黄、米、蔡”四大家之说。苏是苏东坡，黄是黄庭坚，米是米芾，蔡是蔡京。

“四大家”之中，徽宗最喜欢的是苏体和蔡体。

“楚王喜细腰，宫中多饿死。”皇上喜欢的东西，自有人趋之若鹜，以致弄出许多笑话来。

笑话之一与一个名叫梁师成的宦官有关。梁师成，字守道，史称“慧黠习文法，稍知书”，本是徽宗皇帝的仆隶。他见皇上喜欢书画，就谎称自己是苏轼苏东坡的私生子。那苏轼生于公元一〇三七年，而梁师成则生于一〇三五年，小他两岁的苏东坡竟成了他的生身之父。这个笑话可不是笔者信口胡诌，而是实实在在地见诸史籍的。——当然，梁师成借此也做过一些好事。比如，他曾以“先臣何罪”为辞，请求徽宗皇帝开放对苏轼文章著作的禁令，使得尘封多年的苏词、苏诗、苏文重见天日，当然，这是题外话了。

笑话之二却和本文的主角“童上将军”有关。

童贯本来是当时一个有名的大宦官李宪的贴身小厮。李宪是神宗朝的著名宦官将领，曾为北宋王朝打过一些胜仗，但由于朝中无人赏识，最后抑郁终生。

在李宪的熏陶下，童贯自幼好武。但见李宪最后下场不佳，他决定走一条“文武双全”的路。

文武双全，并不是说童贯要去考进士，而是指去投合喜文不喜武的徽宗皇帝之所好。

说起来，童贯要想取悦于雅好书画的徽宗皇帝原也不难，因为他有这方面的“家学渊源”。童贯的父亲童湜曾经是开封府小有名气的藏画家，与号称一时高手的郭熙、易元吉、崔白等人过从甚密。童贯虽然入宫较早，但耳濡目染，多多少少也知道一些书画界的知识。可惜的是，他这些知识就像他本人一样，华而不实。

中国书法和中国绘画中都有一种技巧，叫作“飞白”。

这种技巧由来已久。据说东汉灵帝时重修京城鸿都门，工匠用笤帚蘸着石灰水刷宫墙，著名书法家蔡邕从中得到了启发，创成“飞白书”。“飞白”书法笔画中丝丝露白，像枯笔写成的模样。

童贯对于这些一无所知，只是听老父说过“飞白”，所以闹出了一个不大不小的笑话：

那天，徽宗皇帝退朝以后闲来无事，拿出一张魏碑碑帖赏玩，这张字帖上的字纯用飞白手法。徽宗皇帝看了一会儿，觉得有些疲倦，随手把那张碑帖放在小几上，调侃似的问以小厮的身份服侍他的童贯：“听说你也懂一点书法？你看这帖上的字好不好？”

见一向并不怎么注意自己的皇上如此平易近人，不耻下问，童贯受宠若惊。他也不掂掂自己的斤两，捧过那张飞白字帖便看了起来，一边看，一边在心里打着鬼主意。

他知道皇上是个高明的鉴赏家，自己却胸无点墨，因此，不能瞎说。但皇上“不耻下问”，自己又不能不说。“说点什么呢？”他脑子里一下子浮现出皇上刚才不怎么欣赏的表情。这个印象一浮现出来，童贯立即拿定了主意——对这张魏帖只能贬不能褒。“怎么个贬法呢？”童贯连着翻了几页，头脑里有了一个他自认为不错的主意。于是，他装出一副内行的样子，对徽宗皇帝说道：“回陛下，小臣觉得这字不好！”

“唔？怎么个不好法？”徽宗皇帝刚才还是在和童贯开玩笑，现在可有几分认真了。说实在的，他也不喜欢汉、魏时的“飞白”字体，觉得不如他首创的“瘦金体”来得清峭、俊逸，但这一直是他个人的看法，现在眼前的这个小太监想不到也有这样的“高见”，这岂不令他于“空谷绝音”中顿生“吾道不孤”的感觉，于是，遂有是问。

哪知那童贯答出来的话，却叫他哭笑不得。只听童贯开口说道：“这字嘛，小臣也挑不出它多少毛病，就是写这字的笔可太差了！”

“唔？”

“陛下请看，这字每个都丝丝露白，想必那写字的人穷困潦倒，一支笔一用就是许多年，磨秃了也没处换去。”

“你！哈哈哈！”徽宗听了童贯的“高论”，不由得开怀大笑，差点笑破了肚皮。他自己本来也不是一个古板的人（史称“端王轻佻”，端王就是徽宗称帝以前的封爵），但任他怎么滑稽，也想不出童贯这种“飞白阐微”，所以，忘了皇上的身份，开怀大笑起来。

见皇上笑，童贯也跟着陪笑；他陪笑，皇上更笑。这样子笑来笑去，倒让徽宗皇帝对他产生了欣赏之情。可怜的徽宗皇帝，他还以为童贯是在为他说笑话解闷呢！

当时在场的人当然不止徽宗皇帝、童贯这君臣二人。那些一心想取悦皇上的人爱屋及乌，见童贯能逗得皇上开怀，不管是否明白就里，都异口同声地对外人说童贯是个“雅好书画”能博得皇上激赏的鉴赏家。

话虽然没腿，但却传得飞快。一来二去地，许多人都知道了童贯是个有名的鉴赏家。更有好事者添油加醋，越传越神，说童贯的字体可于“苏、黄、米、蔡”四大家之外自成一家。

这种种传闻给童贯带来了升官发财的好处，但他自己心里却很明白，什么“鉴赏家”，什么“五大家”之一，统统是唬人的东西，骗得了外人骗不了皇帝。

皇上现在欣赏他童贯，是因为他能插科打诨，歪打正着说点低层次的东西给皇上解闷。但从长远来看，自己得有个清醒的认识。换句话说，为了能使皇上长久地喜欢自己，自己应当找个帮手，这个帮手必须是真懂书画的，而且他的书画又必须是为皇上所赏识的。同时，这个人现在还必须是处于不得志的境地，这样，拉他当帮手，他才会死心塌地。

这样的“帮手”到哪里去找呢？

童贯还在那里犯愁呢！有人就把机会给他送上了门。

谁呀？

蔡京。

蔡京本是王安石变法运动中的一员得力干将，但其人品却远不如他的书法，是个反复无常的小人。其时因为“旧党”上台而被贬官在家。

前面我们已经说过，蔡京是北宋书法“四大家”之一。他这“四大家”之一的头衔可和童贯的那个“五大家”之一不同，是货真价实的。据说，徽宗皇帝也极喜欢他的书法，而且蔡京本人除了善书以外还善画。被贬官闲居以后，蔡京回到杭州，日夜窥伺京城汴京的动静。当他听到徽宗皇帝派遣童贯去杭州巡访民情时，觉得机会来了。

就在童贯到达杭州的次日，蔡京只带了一名贴身小厮，拿着自己的名帖，亲自登门求见。

“蔡京？”童贯一时还没怎么转过弯来。这也难怪，这几日游山玩水都是别人侍候他，把个平日里只知侍候皇上的童贯众星捧月般地捧了个晕晕乎乎，一高兴他就把自己的心事忘了。所以，他不耐烦地说：“他来干什么？不见！”

“公公且慢，”童贯的心腹小厮悄声说道，“蔡京是‘苏、黄、米、蔡’四大家之一。他的书画很得今上的喜欢，公公您看？”

“噢，对了，”童贯这时完全清醒过来了，他心想，“这几天真是让别人给捧迷糊了，连自己最想要什么都忘了，真是该死！”于是，对那小厮点了点头，缓步踱进了内室。

那小厮见主子点了头，会意地笑了笑，然后对前来通报的门子说道：“请他进来！”

待门子把蔡京引进来之后，那小厮也退了出去。童贯从内室踱出，两人由浅谈而深谈，最后竟成了莫逆之交。

在蔡京的全力配合下，童贯差不多每天都派专人返回京师向皇帝献宝——屏风、扇带、字画、古玩，每一件艺术品后面都以工笔正楷标明其价值、由来，并以“臣谨按”的方式阐明自己对这件作品的看法。当然，还要捎带着向皇帝密报东南三吴一带的风土人情。

作为书画家的徽宗并没有因为自己是皇帝，而改变了对书画艺术的热爱。他对童贯的风土人情奏报并不感兴趣，他感兴趣的是童贯送回的字画。

蔡京其人治理国家可能没有多大能耐，但他的艺术修养和拍马屁的功夫却是举世罕见的。

有一个与蔡京差不多同时代的太学生陈朝老曾经屡次上书弹劾蔡

京。他对蔡京的总结是：“渎上帝、罔君父、结奥援、轻爵禄、广费用、变法度、妄制作、喜导谀、钳台谏、炽亲党、长奔竞、崇释老、穷土木、矜远略。”

这十四条罪名中别的不说，“喜导谀”的马屁功夫乃是千真万确的。有了拍马屁的本领，再加上蔡京本人书画方面的造诣，徽宗皇帝见了自然是龙心大悦，连夸童贯“公忠体国”，是个干才。

见时机已到，童贯立即开始了他亲自拟定的行动计划，举荐蔡京回京。

倘若换作一般的平庸之辈，一定会趁皇上对自己宠信之机，由自己直接向皇上提出请求，但童贯却不想这样做。他要请别的人出面说他想说，但却一直没有说的话。

童贯找了两个“替身”。这两个替身，一个姓范，名致虚，官居太常博士之职；一个姓徐，名知常，时任左街道录。范、徐两人都不是什么正人君子。徐知常更是靠搞一些画符、念咒之类的旁门左道迷惑徽宗皇帝以邀宠。

俗话说“物以类聚，人以群分”。范致虚、徐知常听了童贯的“点拨”以后，也觉得为了固宠，非得拉住一个确有“真才实学”的人不可。于是，他们两个联合出面，上书徽宗皇帝，说蔡京“本非奸佞，才堪大用”，恳请皇上为天下苍生计，调蔡回京。

童贯，还有他买通的一些宫人、太监，也异口同声地敲边鼓，说蔡京确实应该得到与他才干相称的职务。

这些常在天子左右的人同声说项，徽宗皇帝焉能置之不理？于是，他下诏，起用在家闲居的蔡京知定州（即出任定州知州），崇宁元年（1102年）更调任他知大名府。

其时，朝中的左右二相韩忠彦与曾布交恶。韩为求自保，欲引蔡京为同党。童贯探知了这个消息之后，飞报蔡京，使得一向对韩忠彦并不怎么“感冒”的蔡京迅速倒向韩忠彦。蔡京在韩、曾之争中坐享渔人之利。不到一年的时间，便由知大名府而升为右仆射（右相），进而擢升为左仆射（左相）。

朝中有人好做官。蔡京当上了丞相，童贯想要离开内廷，去宫外闯荡捞钱，就有了一个极有力量的奥援。

在童贯的一手操纵之下，蔡京很快又把苏州人朱动父子，以及李褖、王黼等人拉入自己的阵营之中，并都委以重任。

借为徽宗皇帝办理“花石纲”（纲，旧时成批运输货物的组织。如茶纲、盐纲）之机，童贯等人对东南一带的百姓横加勒夺，“侵占朝廷财赋，类以亿巨万计”，连国库也可以一取就是上百万。据宋朝人的一些笔记野史记载，童贯等人为了中饱私囊，竟将当时六品以下的官爵公开标价出卖，当时汴京就流传有“三千索，直秘阁，五百贯，擢通判”的口头文学。“索”、“贯”都是当时的货币单位，“秘阁”、“通判”都是一些下层官职。

倘若只是卖官鬻爵，那也就罢了。可童贯还有更感兴趣的东西——这东西不是别的，就是穷兵黩武生边事。

忤逆圣旨催发兵
谎报军情封国公

宋徽宗崇宁二年（1103 年）春正月，汴京城内的过年鞭炮声刚刚响过，西部边陲青唐（今青海省西宁市）突然传来紧急军情：西蕃土司溪巴温子溪赊罗撒，诱结羌众，逼走朝廷任命的陇栘，并进而犯边，直逼关中。

这份经过童贯转呈的军情奏报是被“艺术加工”了的：溪赊罗撒逼走了陇栘不假，但其时宋代西部边疆驻有一支足可以对付西蕃的部队，因此，就是借给溪赊罗撒几个胆子，他也不敢与宋王朝为敌。

那么，童贯为什么要搞这种“艺术加工”呢？

原来，他是想借这个机会，过过领军打仗的干瘾。

前面我们已经说过，童贯的“启蒙老师”是李宪，而李宪以好战而闻名。纵观童贯的一生，给他以重大影响的人，除了徽宗皇帝以外，可能也就数这位李宪李公公了。

徽宗皇帝深处九重宫禁之中，他可不知道童贯做了什么手脚。见这位办事情“干练”的童公公愿意领兵平乱，自然是满口答应了。只是该给他一个什么名目呢？徽宗皇帝有些拿不定主意。这时，有人站出来替童贯说话了。此人是谁呀？

原来是蔡京。

前面我们已经说过，在推动蔡京复出的关键时刻，童贯帮了蔡京的大忙。为了回报，蔡京不失时机地向徽宗皇帝进言说：“童贯曾经十次出使陕右，熟悉西北五路诸种事情，而且对西北经略使以下的军官都有较为深刻的了解。派他去西北，亲临前线指挥，是个上上之策。”

“蔡卿言之有理。”徽宗有些茫然地说，“但童贯是内官，不便于直接统兵出战，这……”

“陛下，臣以为，为军之道，先在择帅，帅才已定，冒锋矢、策驽马的将才还不好找吗？”

“这么说，蔡爱卿是有人选了？”

“臣举荐一人，此人姓王名厚，世居西北为将，有万夫不当之勇。陛下可用他为领兵先锋，而以童贯充任监军使，仿照先皇任用李宪的故事，不知陛下以为如何？”

“好，就依你说的办。”本来就对国家大事没有多大兴趣的徽宗皇帝见有人替他把一切都设计好了，而且这个人又是他最宠信的蔡京，自然是满口应承。这样，童贯的统军梦终于有望实现了。

然而“好事”多磨。就在童贯以监军使的身份，统领十万人马浩浩荡荡地杀奔西北时，北宋首都汴京的皇宫之内突然烧起了一场无名大火。

这场火端的是：来无影，去有踪，燎宫殿，烧彩棚，盖过了赤壁周郎所用，焰腾腾，烟腾腾，宛如空中现祝融（火神）！

因为火情来得蹊跷，包括钦天监在内一干反对用兵西北的大臣，纷纷上书给徽宗皇帝，说这是天象示警，不宜启动刀兵，轻开外衅，因此，请皇上速发圣旨，暂缓对西北边疆用兵。

本人也十分迷信的徽宗皇帝也被这场火给烧怕了，所以，一见有人上书谏阻用兵，马上批准。

为了显示他对上天的敬畏之情，徽宗皇帝还特意派一员亲信，捧着他亲笔写给童贯的信，飞速赶往童贯军中。

由于系皇帝钦点，那名亲信一路上日夜兼程，不一日便来到了湟川（今青海省湟中），终于赶上了童贯一行。

其时，童贯的前军已经拔寨准备起程了。闻听有圣旨到，童贯忙整衣冠出中军前往迎接。

几句寒暄过后，那位钦差大人朗声说道："皇上有特旨，其他人退出，童贯一人接旨！"

其他人退出之后，童贯从那位京城专使手中接过一封用火漆漆封得严严实实的信，拆开一看，只见上面正是皇上那别具一格的"瘦金体"笔迹。信写得不是很长，略谓：目前国内水旱灾害频仍，宋江等草寇啸聚山林，北鄙契丹虎视眈眈，亡我之心不死，旬日之前，宫中大火，因此，在此多事之秋，不宜轻开边衅，要童贯速速收兵，回师关中。

童贯看了这封信之后心里那个气啊。他知道，这一定是有人嫉妒他以中官的身份出任十万人马的监军使要职。转瞬之间，他头脑里就有了三四个主意。

毕竟是在宦海里浮沉了这么多年，他当然知道该怎么做。用几句话，童贯就套出了钦差的口风。钦差此次是只管送信，并不知道信中内容。

"这就好办了！"童贯在心里暗喜道。

好吃好喝好招待，送走了钦差，童贯回到了自己的帐中。

先锋官、这支兵马的实际统领王厚正等候在童贯的大帐之中。

"童大人，"王厚小心翼翼地问，"圣上派专使前来军中，有何要事啊？"

"也没有什么事。"童贯故意轻描淡写地回答说。他知道，越是这个时候越要冷静。

"皇上不是给童监军下了一道密旨吗？"王厚很想知道密旨里的内容，"密旨说了什么？"

王厚这一问，一下子提醒了童贯。他一边顺手把那封密信掖到了自已的靴筒里，一边若无其事地说：“王将军，密旨是给本监军的，你就不要问了吧！”

“监军大人言之有理，不过末将忝任总兵之职，身负圣上交付的统带十万大军的重任，似乎有权知道皇上的御旨！”

好个童贯，立时拿定了主意，他脸不变色心不跳地撒谎说：“王将军言重了，老夫适才所言，不过是句戏言而已！想我与将军同领三军，焉有彼此不通声气之理？”

“那么皇上的密旨？”

“皇上密旨一来是慰勉三军，二来嘛，是希望我们早日成功。”

虽说是“将在外，君命有所不受”，但像童贯这样敢于公开篡改圣旨、抗命不遵的人却也不多。

天性淳朴的王厚哪里知道童贯会有这么大的胆子。所以，他对童贯的话深信不疑。

好在领兵打仗他是绝对的内行，监军使急着要与敌人开战，那就只好下定决心打了。

说来真是天公作美，童贯擅改密旨急功冒进，本来凶险四伏，谁料他“吉人”自有天相。王厚及其部将高永年兵分两路：一路留在原地按兵不动，佯装驻扎；另一路则由高永年率领，偷袭多罗巴的三个儿子，结果，多罗巴的三个儿子被打死了两个。

初战告捷，王厚与高永年合兵一处，进拔湟州。

攻下湟州以后，王厚又兵分三路：以高永年、张诚各领一军；他自率一军，与西羌军队战于宗水，用强弓硬弩射住了阵脚，挡住了西羌军队凶猛的反击。时近中午，王厚派高永年从北山顶上杀出，拊敌之背，又派张诚率右军渡过宗水埋伏起来。羌军见三次冲击都未能取胜，遂调集了全部人马，组织第四次攻击。无奈天公并不作美，本来风和日丽的宗水岸边突然狂风大作，风夹着沙石，吹得羌军七零八落，主帅溪赊罗撒弃众而逃，宋军乘胜收复了湟、鄯、廓、青等州。

整个战役过程中，童贯一直躲在远离战场的后方观战，可是一旦大功告成，他却大言不惭地贪天之功为已有。徽宗皇帝也乐得做个顺水人情，“擢（童贯）景福殿使、襄州观察使”。以宦官的身份“寄资转两使”，整个宋代，童贯是开先河的第一人。

统兵出征，“一将功成万骨枯”。童贯尝到了好战的甜头。

像这种“人家栽树他吃梨”的将领自然有许多人愿意做，但像童贯这样有“福”的人却不多。

遍观整个中国历史，唯一可与童贯相“媲美”的是东晋时的权臣桓温。他在率兵讨伐后蜀李氏政权的关键性一战中，下令鸣金收兵，不料手下人却认为“击鼓进军”，结果将错就错，竟一鼓作气荡平了李氏蜀国。

这种拿着成千上万人的生命当儿戏的做法，历来都是遭人菲薄、为成名大将们所不屑的。但童贯却我行我素，因为他从中尝到了甜头。收复了湟、鄯、廓、青四州以后，童贯又向皇帝请命，请求率兵与西夏军队作战。

此时的童贯又是一番新的景象。在这一段时间内，由于善钻营，童贯先后担任过熙、河、兰、湟、秦、凤等地经略、安抚、制置使，累迁至武康军节度使，加检校司空。

由于童贯过分放纵自己，连他的死党蔡京都与他产生了隔阂。童贯深知自己已结怨于丞相，唯一的办法就是再建军功以固宠。这时候，出了一件事，更加深了童贯的这个念头。

宋代的官职，除节度使有职无权之外，其余均与唐代大同小异。整个朝中，最为尊宠的职位除了宰相之外，就是开府仪同三司了。童贯也想过过这个瘾，因此，辗转托人，想求蔡京不看僧面看佛面，再给他一次面子，哪知蔡京根本不买他这个账。童贯无奈，又直接去求皇上，把皇上都给说动了，而蔡京却仍不为所动。

到了后来，皇帝下了一道手诏，蔡京还拒不执行，并口吐怨言说：“天下是太祖、太宗的天下，开府仪同三司乃是要职，怎么能将其授给一个宦官呢？”

此话传到童贯的耳朵里，他既恨蔡京，又恨自己，恨自己当初不该一举收复四州。于是，他力主对西夏用兵。

西夏虽小，但却远非西蕃、羌族的乌合之众可比，因此，这场战争打得极其艰苦。

先是征讨西羌屡战屡胜的大将高永年被西夏、西羌的联军擒杀，继而，童贯的心腹爱将刘法统兵出战，又大败而归。

刘法的这次失败，后来却被童贯谎报成大获全胜。

这里面童贯玩了什么猫腻呢？说来仍是老一套，还是假、大、空。

原来，就在刘法统兵出战之时，西夏王弟察克已率精兵埋伏在宋军必经之路上，出其不意，将宋军拦腰截断。一方是远来之师，人困马乏；一方是“坐地虎”，以逸待劳，这胜败之势就可想而知了。

前军败绩的消息传来，童贯气得简直要吐血。原来，不仅两万宋军全军覆灭，就连刘法也被西夏军队所杀。

但天无绝人之路，接着传来的消息却令童贯心情为之一振：

西夏军队在实行了“烧光、杀光、抢光”的三光政策后，撤出了西陲重镇——震武城。这真是“东方不亮西方亮，黑了南方有北方”啊！童贯以手加额，感谢上苍，在四面危机之中，给了他这样一根“救命的稻草”。于是，他立即进表，说自己仰仗皇上的天威，率军远征西夏，立下赫赫战功，并已将西陲重镇震武收复。

徽宗皇帝再一次听信了童贯的谎言，真的下旨任命他为开府仪同三司，签书枢密院；不久，又让他领枢密院，相当于当上了后世通常所说的总司令，再加封他为武信、武宁护国，河东、山南东道、剑南、东川等镇节度使，最后加封他为太傅、泾国公。

当时的朝廷，有所谓“公相”、“媪相”之称。

“公相”者，蔡京之谓也。“媪相”亦即“母相”，就是指的童贯。

平乱伐辽出尽风头
恶贯满盈受法伏诛

宋徽宗宣和二年（1120 年）十月，北宋王朝治下的睦州青溪万年乡大地主方有常家的漆园内，一群明教教徒正聚精会神地围坐在一起，听一个中年汉子给他们布道。

今天，布道人并没有怎么谈明教的教义，而是谈起了时弊。只听他用极富煽动性的口吻说：“天下国家，本同一理，今有子弟耕织，经岁劳苦，少有粟帛，父兄悉取而靡荡之。稍不如意，就要施以酷刑，这样你们甘心吗？”

“不甘心！”众教徒异口同声地回答。

“靡荡之余，又全都拿去送给我们的仇人，仇人借助这些东西，反过来愈发欺侮我们。这时又叫饥寒交迫的你们去对付丰衣足食的仇人，你们说，这样合理吗？”

“不合理！”

“现在朝廷奸臣当道，赋役繁重，官吏侵渔，农桑不足以供应。想我等终岁勤劳，却令妻子挨冻受饿，求一日饱食而不可得，你们说这样的朝廷要它做什么？”

“但听方教主之命！”

“好！”这位“方教主”见“火”已经煽起来了，又不失时机地往上浇了一点“油”。他接着说：“东南之民苦于盘剥久矣，近岁花石之扰，更令人难以存活。诸位倘能仗义而起，四方定会闻风响应，旬日之间，万众可集，十年之后，天下就会是我们的了。诸位想干吗？”

“我们听方教主的话，反了吧！”不知是谁说了一句。大家开始时一愣，继而同声高喊：“对，反了吧！”

这位“方教主”就是北宋历史上赫赫有名的方腊。他这些年来，以佣工的身份做掩护，其目的就是为了鼓动百姓造反。现在见这一百多名信徒喊出“反了吧”心中十分高兴，他立即决定发动起义。史称方腊起义。

与宋江等三十六人在北方小打小闹不同，方腊干的是大事。所以他一宣布起义，就定自己的年号为永乐，自称圣公，而且还公开设置官吏将帅，用头巾来区别等级。

由于方腊经过精心筹划，所以，起义一开始进展十分顺利。不出十天的时间，响应者已达万人之众，在息坑击败了官军，杀了宋将蔡遵。

这年（1120年）十一月攻克青溪，十二月占领了睦州、歙州。接着又乘胜向南攻下了衢州，杀死了郡守彭汝方；向北夺得了新城、桐庐、富阳等县，乘胜进逼杭州。郡守弃城逃走，杭州即被义军占领。在杭州城里，方腊的义军还诛杀了两浙路制置使陈建、廉访使赵约。兰溪灵山的起义军朱言、吴邦，剡县的仇道人，仙居县的吕师囊，方岩山的陈十四，苏州的石生，归安的陆行儿，都聚集各自的部属响应方腊，东南地区大为震动。

直到此时，见纸里再也包不住火了，北宋江浙发运使陈亨伯才上书给徽宗皇帝，言明事态的严重性。

由于童贯有打仗的经验，本人又是个狂热的“好战”分子，所以，徽宗皇帝决定派童贯与另外一名大将谭稹为宣抚制置使，统率当时北宋王朝最为精锐的部队禁军和秦、晋二地蕃汉兵计十五万人，浩浩荡荡南下。

临行前，徽宗皇帝在便殿召见童贯，允许他在平乱前线“便宜行事”。

童贯有了这把“尚方宝剑”之后，如虎添翼，浩浩荡荡杀奔睦州。

宣和三年（1121年）正月，童贯领兵来到了东南。

到了东南前线，童贯首先做的并不是两军厮杀，而是采用了总体战的策略。他假托皇帝有旨，“诏罢应奉局”，把扰民、害民、伤民的“花石纲”惹下的过错，一股脑地推在了“六贼”中的朱勔父子头上，说朱氏父子欺上瞒下。“赃私之吏，借以为名，率多并缘为奸，驯致骚扰，达于闻听”，宣布将朱氏父子革职查办，永不叙用。

方腊一开始时并没有把童贯放在眼里，没有接受参加起义的太学生吕将“直据金陵，因传檄尽下东南郡县，收其税赋，先立根本，徐议攻取之计，可以为百世之业”的建议，而是把兵力不适当地予以分散，结果被童贯钻了空子。

这一年（1121年）正月十五日，正是一年一度的上元节。方腊手下的著名将领方七佛率领六万精兵，前去围攻秀州。

秀州统军王子武“死守待援”，方七佛屯兵于坚城之下，不思退路。童贯闻讯，倾巢出动，率十五万大军拊方七佛之背，城里的王子武也乘机出兵，两方夹击，大败方七佛，斩首九千余级。光被杀害的义军战士的尸体就堆成五座小山样的坟墓。

方七佛秀州惨败，给方腊起义军的打击极大，导致了今人通常所说的“多米诺骨牌效应”，石生、陆行儿、陈十四等人望风而溃。这一年（1121 年）的二月，方腊的部下退保杭州，童贯率兵步步紧逼。

元末明初人施耐庵所著的《水浒传》中曾经有过“浪里白条夜探杭州城，张顺命丧涌金门”的描写，说的是被朝廷招安了以后的梁山泊好汉甘当朝廷鹰犬，在攻打方腊起义军据守的杭州时接连损兵折将的故事。

宋江等在历史上是否确如小说中写的那样，这还是个问题。他们是否被朝廷所招安也要打上一个大大的问号。即使被朝廷招安，他们是否参与过征讨方腊之战，谁也不清楚，至少《宋史》上没有明确的记载。不过，施耐庵所说的北宋王朝的军队曾水陆并进猛攻方腊等人据守的杭州，这一点倒是千真万确的。《宋史·宦官传》：“二月，（童）贯、（谭）稹前锋至青河堰，水陆并进。”

方腊的义军虽多，但毕竟缺乏训练。在童贯穷凶极恶的进攻之下节节败退，最后“焚宫室、府库、民舍而遁”，退回到了起义的发祥地睦州帮源洞。

帮源洞山深路险，但童贯却命手下找来了方腊的少东家方庚（大地主方有常之子），由他做向导，出其不意地攻进了方腊的大本营。童贯的部下“刘延庆、王禀、王涣、杨惟忠、辛兴宗相继至，尽复所失城”。

这一年（1121 年）的四月，各路宋军大会师，方腊、方腊的妻子邵氏，还有方腊的儿子方毫均不幸落人宋军之手。仅此一战，童贯就“杀贼七万”。班师回朝后，童贯被再一次加官晋爵，由太尉而太师，并实封楚国公。

从领旨出京，到京都献俘，童贯用了四百五十天的时间。一些不明真相的人，包括徽宗皇帝在内，都把他当成了所谓的“名将”。

这个“内战内行”的人，外战是否也在行呢？

答案当然是否定的。

就在方腊起义前不久，长期与宋对峙的大辽也“后院起火”。原本是受大辽统辖的女真族人在其杰出首领完颜阿骨打的率领下，在混同江边誓师反辽。经过几年的艰苦战斗，阿骨打先后攻取大辽的黄龙府（今吉林农安）、上京（今内蒙古巴林左旗）、中京（今内蒙古西宁城西）、南京（今北京北）。

公元一一二三年（即方腊起义被镇压后的第三年），阿骨打病逝，皇位由其弟完颜吴乞买继承。吴乞买是为金太宗。

金太宗与其兄金太祖的不同之处在于，他首先是一个政治家，因而考虑问题时能够变换思维角度。吴乞买认为，大辽在金兵的打击下，固然已元气大伤，但若是想一下子把它吃掉，也不是那么容易，因而他派人到与大辽长期为敌的宋帝国，与他们探讨“远交近攻”的可能性。

还没等大金的使臣出发，北宋的使臣就已经到了，他们也是来搞“远交近攻”的。

事情怎么会这样巧呢？

话还得从童贯使辽和一个名叫马植的人说起。

宋徽宗政和元年（1111 年）春正月，根据惯例，宋朝要派一个大臣充任“贺正旦使”，前往大辽祝贺新年。以往，这员使臣一般都是由有名望、有身份的大臣充当的。但这一年，宋徽宗却突然心血来潮，打算派童贯充任贺正旦使。

在征求丞相的意见时，有人对此提出疑问说：“我们大宋，地处中原，自古为衣冠礼仪之邦，朝廷中熟悉北朝典章制度者更是车载斗量，派一个宦官去出使，会不会让契丹人觉得我们大宋无人呢？”

此时的童贯，圣眷正隆。徽宗皇帝装作没听懂那位反对人士的话，顾左右而言他说：“童贯行，就得童贯去！”

“为什么说童贯行？”那位丞相的拗脾气也上来了。

“告诉你们吧！”徽宗皇帝灵机一动说，“朕刚接到辽国密札，说是他们国主闻听童贯最近大破西羌，心怀仰慕之情，十分渴望能与童贯见上一面。目前，朕正与辽修好，对于辽国国主的这一点小小的请求，难道不应予以满足吗？再说，童贯领过兵，打过仗，有统帅之才，朕今番命他出使辽国，还有另外一层意思。”徽宗皇帝进一步信口说道：“那就是让他借机察考辽地风土民情，筹划收复燕云十六州之计！”

见皇帝一口气说出这么多的理由，那位持反对意见的丞相也不好再说什么了。

童贯得意扬扬地整装北上，不久，来到了大辽。

在大辽，童贯最大的“收获”是遇到了一个名叫马植的人。

马植，又名赵良嗣，《宋史·奸臣传》中有传。他本是大辽的大族，曾经做过大辽的光禄卿这样的高官，因为“行污而内乱，不齿于人”，在大辽名声不佳。

当童贯贺毕正旦，动身返回，经过大辽的南京（今北京北）时，马植在童贯回宋的必经之路卢沟桥等候，并毛遂自荐于童贯，自言有灭辽之策。

童贯一听有人来献灭辽之策，不由心中大喜。

临来之前，皇上为他临时编的那套鬼话看来就要应验了，马上倒屣以迎。

进屋分宾主坐定以后，马植如此这般地鼓动起如簧之舌，向童贯献上了灭辽之计。童贯始疑终信，于是用自己的专车拉着马植回到宋朝，并劝马植改名为李良嗣。

在朝廷大臣举行的接风宴上，童贯把马植——李良嗣介绍给众文武，并说李良嗣系身在曹营心在汉的忠义之士，今天他有一条灭辽之计要向大家宣布。

一听说有灭辽之计，大家马上静了下来。只听李良嗣一个人侃侃而谈：“在辽国的极北边鄙之地，生活着一支女真族人。辽国的统治者们把他们视同野兽，每年都要向他们敲诈勒索各种各样的稀奇古怪的贡品。仅‘海东青’一项，每年就要使成百上千的女真族人丧生。因此，女真族人对契丹贵族可谓恨之入骨。现在，听说女真部落出了一个杰出的首领叫做完颜阿骨打，此人弓马娴熟，武艺高强，待人接物，有王者风度，乃是辽国的大敌。再说辽国，现在的皇上天祚帝，自幼生长于深宫之中，只知享乐，而无治国之能，根本不是完颜阿骨打的对手。我们此时不愿收复燕云故地便罢，倘欲图恢复大计，上上之策莫如与女真人结盟，渡海北上与之南北夹击，辽国庶几可一鼓而灭！”

这个设想是比较美妙的。但自从宋太宗赵光义高梁河之败以来，近百年间，宋辽交锋，大败亏输的总在宋国一边，北宋君臣已经形成一种思维定式，因此，对任何灭辽之策，都不免打上几个问号。

当然，有疑问归有疑问，哪个人也不愿意从正面给李良嗣泼冷水，因为谁也不愿落下个不想恢复故地的恶名。

但有不同看法却还是要说。无奈之际，这些人想出一条计谋，不正面否定李良嗣的主张，而是从侧面指出其计之不可行。

于是，一个稳健派大臣开言道：“李先生（良嗣）远道而来，献灭辽之计，其意可嘉，但自太祖、太宗以来，莱州海道就是禁区。这倒不是因为别的，而是因为那个区从地理上看与诸蕃相近，朝廷为了防止出现边境纠纷，这才明令禁止商贾舟楫往来其间。现在一旦开通，诚恐有违祖制！”

这番话说得虽然很委婉，但意思却十分明显：不同意北上渡海，联金灭辽。

双方因此相持不下，遂将此事上报给皇帝。宋徽宗赵佶一反以往不理国政的习惯，很快在便殿接见了李良嗣。

李良嗣这次又换了一种说法。他向皇上跪叩以后，振振有词地说：“辽国为患大宋百年，今其气数已尽。陛下应该抓住这千载难逢的良机，救北方之民于水火，替天行道，以治伐乱。”

“倘诚如李爱卿所说，那当然很好。”徽宗心怀疑虑地说，“就害怕北方之民没入番地已久，其番汉之念已经淡薄，我朝军队北伐，缺乏响应。”

“陛下圣明，”李良嗣“拍”了一记，“所虑极是，臣以为倘若我朝先发制人，挥义师北上，以光复故地为号召，定能令幽燕之民箪食壶浆以迎王师。但若是错过良机，让阿骨打占了先，那可就很难说了！”

“好，此事可以从长计议。”徽宗想了想说道。他自然有他的通盘考虑，不过他也不想冷落了李良嗣，于是就“赐姓赵氏，以为秘书丞”——赐李良嗣姓赵（国姓），又任命他当秘书丞。

史称“图燕之议，自此始”。

转眼到了宣和二年（1120年），赵良嗣（李良嗣）奉皇帝之命出使大金。这次，他们走的是海路，从莱州入海，很顺利地就见到了金太祖阿骨打。他们一起探讨了对大辽南北夹击的可能性。

此时的北宋正在倾全力对付方腊起义，因而“远交近攻”还只能是一种设想。

又几年过去了，转眼到了公元一一二三年，金兵已连克辽的三京（上京、中京、南京），大辽已处在风雨飘摇之中。这时候，童贯又想摘别人的果实，于是领着一支军队号称北伐，费了九牛二虎之力才攻下了辽的一座空城，而且就在攻城之前不久还被不堪金兵一击的契丹军队打败。

童贯等人的无能，使本来对北宋王朝的军队还怀有几分敬畏之心的女真族人恍然大悟——灭辽以后，完全可以捎带着把那个天朝大国也扫平了。

童贯可不管金人有什么打算，他只是想快点回去凭着一座空城向皇上请功。皇上果然龙颜大悦，下诏封童贯为徐、豫两国公，不久，又正式加封他为广阳郡王。

北宋王朝君臣皆大欢喜，殊不知一场危机正在孕育之中。

宋徽宗宣和七年（1125年），大金的鹰派首领粘罕以北宋王朝曾经接纳并收留了一个名叫张觉的金朝将领（张觉本系辽将，先降金，后又降宋）为由，领兵十万南侵。

此时此刻，广阳郡王童贯正在山西太原府。

他到这里来干什么呢?

有识者答曰，是来督促金国履行盟约的。说到这里，不能不补叙几句。

原来，在赵良嗣使金时，北宋与大金曾订有一个盟约。

这个盟约规定：宋与金南北夹击辽。一旦扫平契丹诸部后，原来由后晋儿皇帝石敬瑭割让给契丹的幽、蓟、瀛、莫、涿、檀、顺、新、妫、儒、武、云、应、寰、朔、蔚十六州中的山南四州幽、涿、瀛、莫由宋朝收回，其余十二州则归金所有。

这个盟约已经够使北宋王朝颜面扫地了，因为这无异把祖宗遗留下来的产业拱手送人。但由于童贯等人的举止失措，再加上北宋军队战场上表现无能，所以，得寸进尺的金军将领到了后来连这可怜巴巴的四个州也不想吐出来了。

童贯之由汴京来到太原，正是想坐镇这里，催促金军交地撤兵。

他的如意算盘这次可是一点也没有打好。金朝大元帅粘罕对童贯派去的两员宋将马扩和辛兴宗咆哮着说：“你们来干什么？”

“我们是来与大元帅商量讨回山南四州的。”

“你们宋朝南蛮，也太无理！我们本来早就讲好，不准随便对对方的将领招降纳叛，但你们却硬是把我大金王朝的叛将张觉收留，而且委以官职，这是你们背约在先。你们既然已经背约，还来谈什么讨回山南四州？”

“可是我们也曾参加过对辽之役啊！’

“你们？算了吧！”粘罕“噗”地往地上吐了一口口水，轻蔑地说，“你们连契丹人的几个残兵败将都应付不了，还好意思提对辽用兵。索性跟你们打开天窗说亮话吧，辽国是我们大金打败的，那燕云十六州乃是你们南朝儿皇帝石敬瑭送给辽国皇帝的，我们现在照单全收。你们俩赶紧回去告诉你们的主子，要想让两国相安无事，除了把燕云十六州全部交给我们以外，还要把黄河以北全部割让给我们，我们两国以黄河为界，谁也侵害不着谁。倘不如此，一切后果你们自己负责！”

马扩、辛兴宗嗫嚅无言，赶紧回到太原将此事报告给童贯。

本就心怀鬼胎的童贯听了大吃一惊。他这里正在吃惊呢，粘罕派来的使者王价儒到了。这位金使带来粘罕的一封信，信中证实了金朝对宋朝的领土要求，并说金朝已决定对宋朝宣战。

在金朝使臣面前，“内战内行”的童贯却吓得说不出一句完整的话来。

他一面下令“厚礼之”——好好地款待王价儒等使臣，企图感化虎视眈眈的敌人，一面细声细语地向金使说软话。他说：“两国宣战，这是一件大事，贵国的粘罕元帅为什么不事先告诉我一声？”

“现在告诉你也不迟啊！”王价儒趾高气扬地说，“童郡王，我看为今之计，你最好速割两河之地，否则，我们的大元帅是不会罢兵的！”

“啊，这个……”童贯一时为之语塞。他虽然骄横跋扈，但他也知道，地是不能轻易割的，否则，就会落个“资敌”的罪名，可是不割地就要开战。曾经在灭辽的过程中，亲眼目睹了金兵战斗力的童贯知道，轻启战端，他的部下包括他本人都不是金兵的对手。

战又不能战，和又不能和，童贯决定开溜。

他要开溜，这烂摊子怎么办呢？当时的太原太守（知府）张孝纯十分气愤。他用半是讥诮、半是调侃的口气对童贯说：“金人渝盟，大王（指童贯，贯其时被封广阳郡王）您当令天下兵悉力枝梧（抵抗、对付）啊！您不是常胜将军吗？为什么眼睁睁地看着河东之地尽入敌虏之手呢？河东为河北（黄河以北，与今天的河北省不全同）的重要屏障和门户，河东一失，河北势难保存。大王难道忍心看着太祖、太宗创下的江山毁在我们手里吗？”

“你懂什么？”童贯被张孝纯堵住了退路，不由得恼羞成怒。他蛮横地说：“什么叫我眼睁睁地看着河东之地尽入敌虏之手！要知道，皇上派我到太原来是受命宣抚，而非守土！你现在死命要把我留下来，试问将置边地守将于何地？难道要让老夫来架空他们吗？”

张孝纯见说不动童贯，不由得长叹一声，说道：“在一般人的心目中，童太师是何等的有威望，平方腊、定西陲，连契丹国主都想‘识荆’。而现在，遇见了金兵，却闻声而走，哪里还有一点往日的威严？”

“你胡说些什么？”童贯怒声喝道。

张孝纯义愤填膺不管不顾地说：“我就是在说你。童太师，您这个样子回去还有什么面目去见天子？”

“我看这个人是疯了！”童贯虽然心里边恨极了张孝纯，但却也不能把他怎么样。因为张毕竟也是朝廷任命的地方官员。而北宋时代，除经御史弹劾外，任何人不得直接黜免地方官员。所以，童贯生气归生气，但也对张孝纯毫无办法。为了顾全自己的面子，他只好顺口贬了张孝纯一句，然后，高声命令手下人赶紧替他准备行装。

俗话说，一将无能，累死千军。大将先逃，众军也只能作鸟兽散，更何况这时原来曾一度降宋的前辽大将郭药师又转而降金。金军得了这个帮手，知己知彼，很快就把黄河以北的大片土地尽行夺去。

边报传到汴京，徽宗皇帝这才慌了手脚。他当了二十四年的太平天子，其间虽曾有方腊起事东南，宋江啃聚梁山的内患，但他却一直固执地以为国内的草民扳不动他这棵大树，但对来自异族的敌讯，他却乱了手脚。

宣和七年（1125 年）十二月，徽宗这位堂堂的“天之骄子”却玩了个并不堂堂正正的手段，将千斤重担转嫁到自己儿子的身上。

这回徽宗皇帝是这样“玩”的：

一天早朝以后，他突然“不省人事”昏了过去。左右的内侍见状大惊失色，忙七手八脚地把他扶了起来，一边掐人中进行急救，一边请来了太医院的御医。御医开始为皇上把脉，他把了左手，又换了右手，越把脉他的眉头皱得越紧。左右的人见了心里好生奇怪，难道皇上凶多吉少了吗?

其实，根本不是那么回事。皇上的病——咳，该怎么说呢？皇上根本就没有什么病。可是这话却是万万说不得的，倘若此言一出，那就不是皇上的病凶多吉少，而是御医本人凶多吉少了。

“不管怎么样，”那名御医心想，“也得先让皇上醒过来。一旦皇上自己醒过来，我也就不用费力地去为皇上得了什么病而胡编乱造了。”思及于此，这位御医有了主意，只见他不慌不忙地从随身携带的药箱中拿出了几根银针，拈针在手，认准了徽宗皇帝的“人中”穴位，平稳而又准确地扎了下去。

徽宗皇帝真能沉得住气。按医理，人中为人身要穴之一，平素民间遇有突然昏倒的病人，往往用手掐捏几下就会使病人悠悠醒转，可是太医院的这位御医行针已近一寸，徽宗仍然没有醒过来。多亏了这是一名有多年行医经验的老御医，他将针又捻了好一会儿。这时，徽宗皇帝再也挺不住了，终于醒来。

“皇上醒了！皇上醒了！”左右的小内侍一个个欢呼雀跃。

“这帮傻瓜！”那个御医暗暗在心里骂了一句，“皇上根本就没有昏过去，还提什么醒不醒！”

“笔，快替朕拿笔来！”徽宗故意用一种变了腔的语调，断续而急促地说道。

“笔来了。”一个头脑灵活、办事机灵的小内侍一溜烟似的替皇上取来了纸和笔。

只见徽宗皇帝抖抖索索地用左手拿起笔，在一张作画用的宣纸上写下了六个瘦金体大字：“传位于皇子桓。”

刚刚闻声赶来的赵桓见了老爹这六个字的手诏，心里像打翻了五味瓶，酸、甜、苦、辣、咸，什么滋味都有。

自己今年已经二十五岁了，被立为皇太子也已经近十年。老头子在国家平安无事时，一点小事都不准他插手，现在值此中原板荡、国家危急存亡之秋，竟事先一点也没征求他本人的意见，就把这副千斤重担压在了他的身上。

无奈老爹又不仅仅是老爹，他首先是皇上，其次才是老爹。老爹的话可以不听，皇上的圣旨却不能不从。

于是，在畏缩和不满之中，赵桓继承了皇位，成为北宋王朝的第九任皇帝，是为钦宗。

当上皇帝之后，钦宗所做的第一件大事就是下决定仿效乃祖真宗澶渊之役那样，御驾亲征，并下令由刚刚从太原逃回的童贯任东京（汴京）留守。

钦宗皇帝的设想不能说不好，御驾亲征也确实需要一点勇气，但可惜钦宗手下的众臣不像当年寇准那样公忠体国，更多的是童贯这等贪生怕死之辈。

且说那童贯自逃回汴京以后，已成了惊弓之鸟，整日里杯弓蛇影，一有风吹草动，就疑心是金兵杀到。听说新皇打算御驾亲征，而且派他留守汴京，不由惧意大生，竟拒不受命。

其时，徽宗皇帝虽已宣布退位，但仍以太上皇的身份遥控朝政。

童贯决定拉大旗做虎皮，以徽宗来对抗钦宗。于是，他“奉太上皇南巡”，拉着徽宗一起南逃，而把东京和整个烂摊子留给了钦宗。

童贯这次可犯了一个致命的错误。这个错误源于他对形势的错误估计——他没有看清将来能够决定其命运的已不是徽宗而是钦宗了，所以，他仍然拼命猛“拍”徽宗。为了达到“奉太上皇南巡”逃离汴京的目的，他不惜大开杀戒。

还是在西部边陲任监军使时，童贯曾经招募了一批“长大少年”——身材又高又壮的少年，作为他的亲随卫队，号称“胜捷军”。这批胜捷军对童贯可谓忠心耿耿，直到童贯这次从太原逃回到汴京，他们仍然忠心耿耿地替他看家护院。此次“奉太上皇南巡”，童贯仍然带着这批恶少。

要逃往南方，必然要经过古汴河（黄河的支流）。这条汴河虽然说不上波浪滔天，但却也称得上是河宽浪急。汴河上本没有桥，来往全靠船只，但由于北部屡屡传来紧急军情，所以，前不久搭起了一座浮桥。古代的架桥技术并不十分高超，加上这座桥又是一个“急就章”，所以一次只能并排走两个人，多了就有掉下去的危险。

一听说太上皇要南逃，专门负责保护太上皇的皇宫卫士们也都自觉或不自觉地想要随同前往。当他们赶到浮桥旁边时，童贯已带着他的胜捷军拥着徽宗皇帝浩浩荡荡地走到了浮桥的中央。见太上皇就这样走了，“卫士攀望号恸”——一个个都放声大哭。

童贯见这些人一个个碍手碍脚，不由萌生杀意。他从一名胜捷军士兵手里夺过一张弓来，拈出一支狼牙箭，“嗖”地一声射了出去，射死了一个已经爬上浮桥的宫廷卫士。然后，他厉声对亲随卫队说：“就照这样给我射！”那些把杀人当成儿戏的“长大少年”们一见童太师有令，一个个也杀心大起。结果，皇宫卫士“中矢而踣者百余人”。这些对皇帝忠心耿耿的热血男儿们的鲜血把汴河都快染红了。

童贯此举，可谓大大地失策。因为他口口声声说是要保护徽宗皇帝南巡，但当别人要不顾性命地去参与对太上皇的保护时，他却又将人家不分青红皂白地乱箭射死。这样，他既得罪了现任皇帝钦宗——不奉命留守东京，又开罪了太上皇周围的人。

于是“谏官、御史与国人议者蜂起”，连太上皇也没办法保护他了。

钦宗靖康元年，太学生陈东等人再一次上书，弹劾童贯。鉴于以往“屡弹不倒”的教训，陈东此次猛攻童贯，说他在徽宗传位时，曾趁今上推让之机，欲引郓王赵楷上殿，谋夺帝位，实乃包孕狼子野心的大逆不道之徒；现在他（童贯）拒不接受今上的命令而奉太上皇南巡，其目的乃是欲挟天子以令诸侯，如不对他采取断然措施，诚恐江南之地将非朝廷所有。

这道奏章比十篇骂童贯弄权卖国的檄文都更能打动钦宗皇帝的心。

说老实话，钦宗对燕云十六州的得而复失并不感到生气，因为他认为那十六州本就不是属于他们赵家的财产。即使是割让黄河以北的土地，赵桓也觉得不算什么，因为割地、输币乃是北宋王朝诸任帝王的拿手好戏，是祖传下来的，童贯只不过是在守祖宗成法而已。但是童贯本人对他下的圣旨拒不执行，并且拥已退位的太上皇于东南以自重，这一点却令他不能容忍。

于是，他立即下令削去童贯的王爵，贬其为左卫上将军，接着又贬之为昭化军节度副使，下令于英州吉阳军看管。

心怀鬼胎的童贯正在那里为终于保住了一条老命而暗自高兴呢，钦宗皇帝的又一道诏书到了。

在这道诏书中，宋钦宗列举了童贯的十大罪状。然后，他命监察御史张澄为钦差大臣，前往童贯所在的贬所，便宜行事，对童贯进行秘密处决。这样，本文开篇时所叙的那一幕就出现了。

足智多谋、办事干练的张澄知道“贯握兵二十年，权倾一时，奔走期会，过于制敕”。有一次徽宗皇帝命人对他进行调查，童贯竟对奉旨前往的方部进行了反调查，使得方部的一举一动莫不“悉先得之”，最后不了了之。接受了这一教训，为了避免中途生事，张澄砍下童贯的人头之后，立即藏好，驰回京师之后才“枭于市”——挂在闹市区示众。

关于童贯的一生，《宋史·宦者传》有一段比较精练的评价：“贯状魁梧、伟观视，颐下生须十数，皮骨劲如铁，不类阉人。有度量，能疏财，后宫自妃嫔以下皆献饷结纳，左右妇寺，誉言日闻。宠煽翕赫，庭户杂遝成市。岳牧辅弼多出其门，厮养仆圉，官诸使者至数百辈。穷奸稔祸，流毒四海，虽菹醢（将人杀死做成肉酱）不偿责也！”

七下西洋的大航海家

——明代宦官郑和

◎时逢战乱被俘遭阉
为释帝疑扬帆出海

◎擒海盗扬威海外
携使臣朝觐中华

◎以公心平息海外纷争
因成祖晏驾留守南京

公元一四九二年，遥远的西方，一个名叫克里斯特法·哥伦布的大胡子意大利人，奉西班牙统治者伊萨伯拉和斐迪南之命，携带致中国皇帝的国书，率船三艘，水手八十七人，从巴罗斯港出航，远渡重洋，开始了他的首次远航。

前此八十七年，亦即公元一四〇五年，七月十二日，在地球的另一边，明王朝治下的苏州刘家河，另外一支大型船队正要扬帆远航。

这是一支名副其实的大型船队，不仅船只众多，而且整个船队中“旗舰”座船之大，也是当时世界所罕见的——据史料记载，该船队最大的船“修四十四丈，广十八丈”——长四百四十尺，宽一百八十尺。

统领这支大型船队的人就是被称作“中国的哥伦布”的明代著名太监郑和。

哥伦布奉西班牙统治者之命远渡重洋是为了掠夺。

郑和呢？他奉了谁的命令出海？他的目的又是什么呢？

时逢战乱被俘遭阉
为释帝疑扬帆出海

像中国历史上许多有名的大太监一样，郑和原本并不姓郑。他原本姓马，因在靖难之变中立下战功，被朱棣赐姓郑。与中国历史上大多数太监不同的是，郑和并非汉族，而是出身于一个回族家庭。

郑和的祖父和父亲都是元朝时云南行省有名的回族耆宿。他们两代人虽然都没有当过什么官，但却都极受云南当地人，尤其是回族人的尊敬。

原来，他们都是曾经到过麦加，朝过圣的“哈只”。众所周知。回族人是信奉伊斯兰教的。而每个伊斯兰教的教徒，其一生最大的愿望就是能够有朝一日前往麦加朝圣。这个愿望听起来好像很容易实现，其实做起来并不容易，特别是在交通很不发达的当时，因而每个归来的朝圣者都被视为英雄。

倘无朝代的变迁，依马家的家风，郑和——这位本名马三保的云南马家传人，想必也会成为一名虔诚的朝圣者。

然而，就在马三保十一岁那年，在南京登基称帝、建元洪武的明太祖朱元璋为了统一全国，派大将沐英等人发兵十万前去征讨元朝在大漠以南的最后一个残存的政权梁国。梁王派其平章（丞相）达里麻领兵十万，两军战于曲靖。沐英严令手下不得与敌正面接战，而采用“明修栈道，暗度陈仓”之计，“铜角渡江”，大败元兵。

在两军厮杀的过程中，曲靖一带的平民百姓惨遭“池鱼”之祸。马三保被另一明朝大将傅友德掳到军中，被阉割后又被当成一件“小礼物”送给了明太祖的儿子燕王朱棣。时为明太祖洪武十四年（1381 年）。

二十一年以后，大明王朝江山依旧，人事全非。

当了三十一年皇帝的明太祖朱元璋于一三九八年一病身死，因长子朱标早死，遂以嫡长孙朱允炆继承皇位，是为明惠帝。惠帝无论是文才还是武略，都根本不能与他的几个叔叔相比。他之所以能够当上皇帝，完全在于老祖父朱元璋对他的溺爱，没想到这种溺爱到了后来反倒坑了他大半生。当上皇帝后不久，惠帝朱允炆就下了一个削藩令，先后将周王、齐王、岷王废去王爵，将湘王逼死，继而又将手伸到北方，谋夺燕王朱棣的王爵。燕王朱棣“内自危，佯狂称疾”，接着接受僧道衍（姚广孝）的建议，捕杀明惠帝派去的都指挥使谢贵、布政使张昺，起兵“清君侧”。

这场叔、侄内战整整打了三年，宋襄公式的妇人之仁最终害了明惠帝。燕王的“靖难”军从燕京一直打到南京。一四〇二年，燕王本人也“诏今年以洪武三十五年为纪，明年为永乐元年”，从根本抹杀了洪武之后惠帝朱允炆所用的“建文”年号。年号可以抹杀，惠帝这个人却不可以抹杀。

朱棣率军到达南京以后，其侄惠帝朱允炆的下落成了一个谜。一种说法是朱允炆于城破之日举火自焚。这种说法不知是否出于惠帝宫中的太监、宫女之口，不过其可信程度是要大大地打上一个折扣的。另一种说法是城破之日，惠帝通过宫中暗道外逃。两种说法孰是孰非，连向以考据见长的《明史》修撰者们也有些拿不定主意。我们不妨引用一段《明史·惠帝纪》的记载：“都城陷，宫中火起，帝不知所踪。燕王遣中使出帝后尸于火中，越八日，壬申，葬之。或云帝由地道出亡。正统五年，有僧自云南至广西，诡称建文皇帝。思恩知州岑瑛闻于朝，按问，乃钧州人扬行祥，年已九十余。下狱，阅四月死，同谋僧十二人皆戍辽东。自后，滇、黔、巴蜀间相传有帝为僧时往来迹。正德、万历、崇祯间诸臣请续封帝后，及加庙谥，皆下部议，不果行。”

从这段记载中我们不难看出，《明史》的修撰者们一会儿说惠帝已死（“出帝后尸于火中”），一会儿又说惠帝已逃，莫衷一是。

其实，不光是《明史》的修撰者们拿不准朱允炆是不是已经死了，就连当事人朱棣的心里也不敢断定他的这位侄子是否还在人世。请注意，《明史》中所用的“燕王遣中使出帝后尸于火中”这句话的微妙含义——惠帝的“尸体”是燕王派人“寻出”来的，而据当时人的记载，尸体确有，但却是惠帝之妻马氏的。

正因为怀疑侄子还在人世，而且有消息说可能流亡海外，所以朱棣登基当上了皇帝以后，做出了一个前所未有的决定：派遣得力干才率船出海，一来扬威海外，二来暗中寻访惠帝的行踪。

这个决定之所以是“前所未有”，是因为在元代范文虎等人跨海东征日本失败，整个船队被一阵突如其来的台风吹沉。欣喜若狂的日本人惊喜之余，把这股摧毁了战无不胜的蒙古铁骑、铁舰的台风称作“神风”。“神风”不仅给大和民族的后代们留下了深刻的印象，而且也使战无不胜的大元皇帝望而生畏，因而有“片帆不得出海”的禁令。

明太祖洪武年间，这种状况仍无任何松动。现在成祖要派船出海，自然是有些惊世骇俗的了。更惊世骇俗的是这样一支大型船队，其领队竟是一个“中官”即太监。

此人不是别人，正是郑和。

朱棣为什么放着许多人不选，而单单选中郑和呢？难道郑和有什么航海经验吗？

当然不是。至少从目前所能见到的史料来看不是。

成祖选中郑和，在笔者看来，除了因为他十一岁入燕邸，近二十年的时间一直对朱棣忠心耿耿以外，还有几个原因：一是朱棣在多次实战中看到了郑和卓越的军事指挥才能，知兵习战，有韬略；二是成祖知道郑和是“哈只”的后代，他本身也具有“哈只”的吃苦耐劳精神，且熟悉回族地区的习俗。

事实表明，成祖的这个选择是正确的。

擒海盗扬威海外
携使臣朝觐中华

一般的小册子在提到郑和下西洋时，都称他是“和平和友谊的使者”，这话说得不错，但和平和友谊有时光靠和平的手段不一定能实现。

郑和带队离开刘家河之后，先由海路到达福建，然后，从那里扬帆远航。

他们到的第一站是占城。

占城，据《明史·外国传》记载：“居南海中。自琼州航海顺风一昼夜可至。自福州西南行，十昼夜可至。”其地西周时称为越裳，秦朝时称为林邑，汉代叫象林，又称林邑，隋、唐时代称为“占不劳”或“占婆”，其王所居之地称为占城。元世祖时与中原内陆隔绝，到明代洪武年间方才与中原恢复往来。

洪武四年（1371年），占城国王阿荅阿者曾致书朱元璋请求保护。

当时，朱元璋因正忙于对付残存的元军及其他割据者，无暇顾及占城，所以只是命负责接待的礼部官员安抚占城使节。那位礼部官员转述明太祖的话说：“占城、安南并事朝廷，同奉正朔。现在安南竟敢擅自用兵，致使百姓流离，生灵涂炭，殊失事君之礼，又失睦邻之道。因此，已派人晓谕安南国王，令其迅速罢兵，与你们各守其境，互不相扰。至于你们在来信中所求的兵器，在我大明看来，本也算不了什么，但考虑到你们现在正和安南处于一种特殊的状态，赐给你们兵器那是鼓励你们相互攻击，并非抚安之策。乐器、乐人，由于与我们中原语音殊异，也难以遣发。倘若你们实在仰慕中原文化，不妨选派通晓汉语的人来中原学习！”

直到成祖登基，占城一直都是大明帝国的友好邻邦。因此，郑和一行抵达占城时受到了其新任国王占巴的赖的热情接待。占巴的赖还专门派他的孙子舍扬该“贡象及方物谢恩”，使郑和等人有宾至如归的感觉。

兴奋的郑和一行在驶离占城，途经旧港时却遇到了麻烦。

旧港，原称三佛齐国，古名又叫干陀利。南朝刘宋孝武帝时其就曾派遣使者向中国朝贡，其后一直与中原往来不绝。明太祖洪武四年（1371年），其王马哈剌札八剌卜曾派遣使者“奉金叶表入贡”，向大明皇帝献上了黑熊、火鸡、孔雀、五色鹦鹉等。明太祖洪武十年（1377年），刚刚被明帝国封为三佛齐国王的麻那者巫里被其强邻爪哇国王捕杀。

三佛齐从这个时候开始被爪哇国王改名为旧港。由于三佛齐国土面积和爪哇差不多，所以，爪哇虽然可以杀其君，亡其国，但却不能尽有其地，华人流寓者往往起而据之。

在那种“有力就是草头王”的乱世，出了两个赫赫有名的人物，一个叫梁道明，一个叫陈祖义。

梁道明原来是广州南海县人氏，很早就漂洋过海到三佛齐谋生。其为人狡诈多谋而且会一些武艺，因而从闽、粤一带泛海而去的华人们往往都奉他为龙头大哥，时逢乱世，遂雄踞一方。

后来一个名叫孙铉的明朝指挥（官名）出使海外，巧遇了梁道明之子，通过一番威胁利诱，迫使其归顺了大明。儿子既已归顺朝廷，老爹梁道明也没有什么说的。

值得一说的是那位陈祖义。陈祖义也是广东人，其出身和经历与梁道明差不多，但他所从事的却是“刀头上舔血”的海盗买卖。《明史·外国传》上称他“虽朝贡而为盗海上”，是个典型的无赖。

就在郑和到达旧港的前两年，他还派遣其子陈士良前往大明朝拜成祖，但当郑和一行到达以后，他却向郑和使了一“绊”。

这是怎么回事呢？

原来，这位陈祖义与五代十国时期的南平国王高季兴一样，是个专干拦劫各个小国向明王朝运送贡品船只勾当的截道贼。

还没到旧港以前，郑和就已多次接到举报。举报者请大明使臣为他们主持公道，惩治一下陈祖义的海盗行为。

所以，到了旧港以后，郑和马上派人送信给陈祖义，晓之以大义，希望他迷途知返，不要再与明王朝的各个藩属国为敌。

陈祖义见了郑和的信，大怒。他高声骂道：“郑和算什么东西，竟敢管老子的事！你大明再大，还能大过大海去？老子驰骋海上，所向无敌，你凭什么教训老子！”他手下的军师见他要翻脸，忙暗中踩了他的脚一下，示意他从长计议。

送走郑和派来的信使之后，陈祖义和他的军师密谋了一夜，想出一条毒计：诈降。

他命人写了一封回信给郑和。在信中，他假称自己自幼流落番邦，为化外之民，不懂中原礼仪，因而干下了截夺贡使的勾当，犯下了弥天大罪；今蒙天使（指郑和）不杀之恩，遂生放下屠刀，立地成佛之念，敢请天使大人离船上岸，接受他陈祖义的真心礼拜。同时，又在郑和前来的必经之路伏下一支重兵。

心怀坦荡的郑和接到陈祖义的信以后不虞有他，带着为数不多的随从前去。

他们走到半路，迎面遇上了一个人。此人姓施名进卿，也是一个华人，曾经担任过梁道明的副手，后来被陈祖义胁迫当了一名海盗头目。此人虽然身陷贼中，却久怀回归中原之志。他最近接连听人说起三保太监此次率船出海，是如何地扬威异域，又听人说郑和是个仁者爱人的好人，因而冒死潜出贼巢，来向郑和报信。

郑和听了施进卿的报告后，一开始还不敢完全相信，但不久，他派出的小队斥候（侦察兵）探回的消息，却证实了施进卿所说的话。

好一个郑和，真不愧是能征善战的燕王旧部。在这千钧一发的紧要关头，他决定将计就计：派人火速到船队搬取援兵，对一心想打他个措手不及的陈祖义进行反包围。由于当时是明王朝开国之初，而且又都是百里挑一选出来的，所以郑和调来的明军士兵一个个都骁勇善战，不到一顿饭的工夫就风卷残云般地将陈祖义的手下消灭干净。陈祖义本人也被逮住带回明朝后枭首示众。

为了惩恶扬善，郑和于此次出海回国之时，上书明成祖，表奏心怀故土的施进卿为旧港宣慰司，并赐给其官印、冠带。

离开旧港以后，郑和在永乐六年九月来到了锡兰山国。

这里又是一个“旧港”。

锡兰山又名狼牙修，南北朝梁武帝时曾派遣使者与中国相通好。其地“自苏门答剌顺风十二昼夜可达”。

锡兰山的国王名叫亚烈苦奈儿，是一个十分凶狠残暴的家伙。

他有一个特殊的嗜好，就是看他豢养的狮子生吃活人，所以死在那几头卷毛畜生爪下的无辜百姓不知有多少。当郑和从这里经过时，亚烈苦奈儿不怀好意地邀请郑和前去观赏这一吃人的游戏，被郑和严词拒绝。亚烈苦奈儿遂怀恨在心，决定伺机进行报复。

他终于等来了机会。

一般的史学著作谈到亚烈苦奈儿暗算郑和时都只提一次，亦即永乐六年九月的那一次，而忽略了此前的一次，这是不全面的。《明史·外国传》中说的很清楚：“永乐中，郑和使西洋，至其地。其王亚烈苦奈儿欲害和，和觉，去之他国……及和归，复经其地，乃诱和至国中。”

“和归”——郑和归国时恰好路过锡兰山。此时的亚烈苦奈儿像换了一个人似的，他不仅给郑和手下的明军以丰厚的犒赏，而且还派人出城迎接郑和。

郑和像轻信陈祖义一样，再一次轻信了亚烈苦奈儿。

好一个锡兰山国王，在短短的一个时辰内，调集了五万兵马埋伏在郑和与整个船队之间。“劫和，塞归路”。

倘若是换了别人，那算是彻底地完了。但郑和却不是“别人”！他硬是在危机四伏的危险中寻出了一条生路。郑和这条生路是“围魏救赵”。

当时，郑和身边的所有人集中在一起，不过两千多人，而敌方却有五万余人。郑和的部下平均一个人就要对付二十五个锡兰山国的士兵，而且对方身在故土已先占天时、地利，这仗该怎么打？

只见郑和命令那两千名士兵人衔枚，马摘铃，在一名当地华人的引导下，“间道”——走小路奇袭狼牙修的都城。

此时的敌方都城，由于所有的生力军都已派出去伏击郑和，守城兵力十分空虚，郑和等人没费多少气力就轻松地将城攻下。

正在王宫中做擒获郑和，从而向明朝船队勒索金帛财物美梦的亚烈苦奈儿美梦还没醒，就被突如其来的明军擒获。与亚烈苦奈儿一起被擒获的还有他的妻子、儿女，以及手下的几个重要头目。

“围魏”的工作已经完成，“救赵”的事情也就变得简单起来。

那些锡兰山国的士兵“闻之，还自救”。当时，倘若那五万人能够上下同心，劲往一处使，力往一处用，那么，郑和手下的那两千人虽然扛打，最后也会吃不消的。俗话说“一人拼命，万人难敌”嘛，何况双方相比，锡兰山国的军队在数量上占有绝对的优势。

但是，树倒猢狲散，一听说国王被擒，这群士兵立即作鸟兽散，结果，“官军复大破之”。

亚烈苦奈儿的命可能比陈祖义要好。当郑和此番出海回国后，顺便把他及其妻子、儿女弄回中国，献俘于朝廷。明成祖朱棣出于政治上的考虑，“赦不诛，释归国”。

由于郑和此番扬威海外，所以“诸邦益震惧，来归者日益多”。

截止到明成祖永乐十四年（1416 年）冬，共有满剌加、渤泥、苏门答剌、苏禄、西洋琐里、琐里、览邦、淡巴、百花、彭亨、那孤儿、黎伐、南渤利、阿鲁、柔佛、丁机宜、巴剌西、古里、锡兰山等十九个海外小国派遣使臣前来大明朝觐。

以公心平息海外纷争
因成祖晏驾留守南京

按照现代政治学的观点，无论是多极化的时代，还是单极、两极时代，被划分成许多国家或地区的世界，总是需要有一种势力超然于地缘政治之上，而充当一种“和平使者”的角色，为存有矛盾或纷争的国家或地区排解纷争。郑和就是这样一个名副其实的“和平使者”。

郑和的最后几次出海，主要是为了排解海外各个番邦小国间，或其内部的种种纷争。

明成祖永乐十年（1412 年）十一月，明成祖“复命和等往使至苏门答剌”。

这次到苏门答剌，郑和是衔成祖之命前去排解其国内的王位之争的。

原来，这苏门答剌（苏门答腊）在满剌加（马六甲）之西，史称“顺风九昼夜可至”。

大约在明成祖继位初年，满剌加国王与其邻国花面王因为意气之争而互相指责，最后兵戎相见，花面王一箭就将满剌加国王射死。

当时，满剌加国的王太子年纪还很小，国家陷入了危机之中。

王后是个很能干的女人，她虽然长的是一副女人的身材，却生就了男人的头脑。

审时度势，为使死去的丈夫留下的王位不致被仇人夺走，她决定不惜重赏，以征求勇士为她报杀夫之仇。

重赏之下，必有勇夫。

有一个以打鱼捕鲸为业的渔翁“揭”了这张“黄榜”。

经过一番苦战，武艺高强的渔翁在全体满剌加士兵的配合之下，击败了邻国，一枪将花面王刺死，割下他的人头，还报王后，并向王后讨赏。

王后果然是个讲诚信的人，她的“赏格”也很优厚。是的，的确再也找不出比这更优厚的赏格了！因为“重赏之物”就是王后本人。《明史·外国传》中是以倒叙的写法记述这一惊世骇俗之举的：“王妻号于众曰：‘孰能为我报仇者，我以为夫，与共国事。’”

老渔翁杀了花面王，满剌加国的王后果然就嫁给了他。渔翁一夜之间从一个打渔人变成了一国之主，时人称之为老王。

光阴倏忽，转眼之间，已故国王年幼的儿子已经长大成人。他耻于父位被占，母亲被夺，于是，纠合了前国王的一些旧部，以暗杀的方式除掉了老王，夺回了王位。

老王的弟弟苏干剌在此次“宫廷政变”中侥幸逃出，“逃山中，连年率众侵扰”。

不堪苏干剌骚扰之苦的新任国王向明王朝求救，成祖与郑和一开始时倒并不想偏着谁、向着谁。所以，当郑和此番出海到达满剌加之后，只是没有给苏干剌什么赏赐而已。

但不识好歹的苏干剌却误以为明朝的钦差要对他动手了，以郑和“赐不及己”为由，率领手下，倾巢而出，拦击郑和。

这真是“天作孽，犹可救，自作孽，不可活”，苏干剌也没有想一想，陈祖义、亚烈苦奈儿哪个不比他强，最后还不是全败在了郑和的手里了。他那点兵马，他那点能耐，哪里是郑和的对手。

一个反冲锋过后，郑和的部下就将苏干剌逐回了老巢。

苏干剌的老巢是个苦心经营了多年的山寨。它建在三面濒海的悬崖峭壁之上，易守难攻。郑和用司马懿败马谡于街亭的计策，采取困而不打，断其饮水的策略。结果，几天下来，山寨不攻自破，苏干剌与其妻子一起逃到了南渤利国，被郑和率领的明军追回。一场由来已久的历史遗留问题终于得到了解决。

明成祖永乐二十二年（1424 年）正月，郑和再一次奉命出航，前往旧港，去解决当地的一桩家庭纠纷。

家庭纠纷何以会劳动天使大人的大驾？

原来，这个家庭并非普通的家庭，而是旧港首领施进卿的家。

在上一节中我们已经提到，旧港本为陈祖义所盘踞。永乐五年陈祖义为明军所败以后，旧港由明朝所任命的施进卿统管，其时距郑和此次出海已近二十年了。

这将近二十年的时间，物换星移，以施进卿为代表的施氏家族也经历了许多事情。

先是施进卿久病之后不治身亡，接着是施进卿的子女——施济孙（译为施济孙，而不是施济深）、施二姐争夺父亲留下来的官位。

本来，若是按照中国的习俗，父亲去世了，儿子接班，就不会有什么麻烦事了。但当地的习俗却偏偏是认印不认人——谁持有已故首领的印信，谁就是名正言顺的新任首领。

要命的是，那颗比什么都重要的官印竟为火所毁。

这样，都拥有一定实力的施氏兄妹就展开了一场旷日持久的权力之争。

由于双方谁也不服谁，所以，最后官司就打到了明成祖那里。

当郑和衔命率船队抵达旧港时，情况又有了一些变化。施二姐击败了乃弟施济孙，成了旧港的实际首领。

有着丰富人生阅历和外交经验的郑和深谙“尊重现实就是真理”的道理。于是，他派人假托皇上的旨意，以施二姐暂时统管旧港，而不正式任命。这一手有点类似于后世某一新的部门成立时，遇有几个人竞争负责人相持不下，暂命其中一人以副职主持工作一样，属于静观待变的计谋。

也亏得郑和想出了这条计策。其后几十年间，为求得明王朝的正式任命，施二姐和施济孙先后派人前往大明，争相向明王朝表示效忠。明王朝不费一枪一刀而坐收渔人之利。

后人有识者评曰，郑和七下西洋，扬威海外的文治武功，以此次最为高超，庶几可达到孙子兵法中“攻心”的境地。

至于郑和本人是不是这样看，那就不得而知了。

因为这次远航回国以后，郑和最尊敬的人，他远航海外最得力的支持者明成祖朱棣已经逝世。所遗皇位由成祖的长子朱高炽继承，是为明仁宗。

仁宗皇帝与乃父不同，他不喜欢到处扬威，而十分喜欢与有学问的君子们在一起谈古论今。

上任伊始，朱高炽就下令“罢西洋宝船”，并且把它与“西市马，云南交趾采办”放在一起，视为前朝弊政，摆在应予革除之列。

作为“西洋宝船”的“舰队司令”，郑和免不了首当其冲受到波及。

据明史记载，当时有人上书给新登基的仁宗皇帝，说郑和数下西洋，不仅船队的制造、航行需要大量的费用，而且每次下西洋都要带去多得数不清的金帛财物，换回来的却只是些象牙、香料、犀牛角等饥不可食、寒不可衣的东西，是“量中华之财物，结番邦之欢心”的得不偿失的行为，因而，应当遵从祖制，解散船队，并“斩郑和以谢天下”。

多亏仁宗皇帝并不是一个偏听偏信的糊涂人，他只是部分地接受了那个上书人的意见。

郑和一行回到北京（此时，明王朝的首都已由南京迁至北京）后，仁宗皇帝对郑和慰勉了一番，然后，宣布了对他的新任命：命郑和“以下番诸军守备南京”。

南京本是大明王朝开国立都之地，古时《禹贡》载其辖扬、徐、豫三州之域，元代属江淮等处行中书省，明太祖丙申年间置江南行中书省。洪武元年定都南京，罢行中书省，以原来隶属于行中书省的应天府直隶中央行中书省。洪武十一年（1378 年），朱元璋下令改南京为京师；洪武十三年（1380 年）正月己亥日，罢中书省，以所领直接隶属于中央六部；同月癸卯日，又下令改大都督府为五军都督府，以其所领直接隶属于中军都督府。

永乐元年（1403 年）正月，成祖朱棣迁都北京，南京又由京师恢复旧名为南京。当时，南京权力仍然很大，下面直接隶属于它的就有十四个府，另外还有四个直隶州，九十七个县。所领之地，北至丰沛，西至英山，南至婺源，东至大海。

明仁宗把这么大的一个摊子都交给了郑和，这至少说明他本人虽然对扬帆远洋有不同看法，但对于郑和本人还是充满敬意和信任的。

在郑和以前，南京从未设过“守备”一职，《明史·宦官传》上说“南京设守备，自郑和始”。

倘若仁宗福祚绵长，那么，他与郑和君臣相得，说不定郑和在国内也能干出一番事业。若真那样的话，今天我们所加给郑和的称呼中，恐怕就不仅仅是“伟大的航海家”一项了。

公元一四二五年五月辛巳日，登基刚刚一年的仁宗皇帝病死于北京紫禁城中的钦安殿，所遗皇位由其长子朱瞻基继承，是为明宣宗。

宣宗皇帝不肖乃父，而酷肖乃祖，他十分怀念祖父在世时的赫赫武功。

这时，他又想起了郑和。

明宣德五年（1430 年）六月，宣宗皇帝派人前往南京传旨，着令郑和再次率船出洋。

当时，郑和已年满六十（他生于公元 1371 年），是个花甲老人了。以花甲之年，再去冒风浪颠簸之苦，郑和行吗？

答案当然是肯定的。

因为就在这次远航的过程中，郑和还至少做了三件广为流传的大事：

第一件大事是重修天妃庙。

天妃，通称天后，又称妈祖。是我国东南沿海一带，乃至整个东南亚沿海国家所普遍信奉并尊祀的一位海神。

有关这位神灵的记载，最早见于《元史》。据《元史·祭祀志》：“凡名山大川忠臣义士在祀典者，所在有司主之。唯南海女神灵惠夫人，至元中以护海运有奇应，加封天妃，神号积至十字，庙曰灵慈。直沽、平江、周泾、泉、福、兴化等处皆有庙。皇庆以来，岁遣使赍香遍祭，金幡一合，银一锭，付平江官漕司及本府官，用柔毛酒醴，便服行事。祝文云‘维年、月、日，皇帝特遣某官等致祭于护国庇民广济福惠明著天妃’。”

这位被元世祖忽必烈（“至元”是元世祖的年号）加封过的海神，原本是宋朝人。关于她的身世和出生地，目前有两种不同的说法：

一种说法是《辞海》上所说的：“宋莆田林愿第六女”；另一种说法则是福建湄州岛上的林愿第六女。前一种说法已为大多数人所认可，但近来在泉州天后宫发现的一幅大型壁画却以“育圣祠”的方式，指明这位海神诞生于湄州。

二者孰是孰非，我们自不必去管它，不过有一点是肯定的，那就是这位天后娘娘是一个善良的神袛。这一点可以从元代皇帝加给她的封号“护国庇民广济福惠明著”上看出来，更可以从近千年来，各地各国的善良百姓们对她的由衷敬仰和信奉中发现。

根据文物和前人史料的记载，泉州、福州、兴化、湄州等地都建有规模不等的天后宫、天妃祠或妈祖庙。

建于长乐南山的那座天后宫因遭台风的袭击而突然坍塌。郑和路过此地，前往天后宫中进香时，发现了这一情况。他立即决定延后行期，集中人力，拿出许多金银，对南山一带进行改造，修建妈祖庙。

郑和做的另外一件大事是调解了满剌加和暹罗国的纠纷。

还是在郑和此次远航以前，满剌加国王派遣了三个使者，不远万里来到中国，向大明皇帝诉苦说他们的强邻暹罗屡次三番侵扰他们的国土，使得他们的国王虽然仰慕中华却不能前来，想要写封国书，又没有会写汉字的。他们不得已搭乘苏门答剌的贡船来中国，恳请大明天子为他们排忧解纷。

明宣宗朱瞻基把这个任务交给了郑和。

郑和与暹罗国王悉里麻哈赖是老交情了。早在明成祖永乐六年（1408

年）九月，郑和就曾率船到达暹罗，而且与其君臣有过广泛的接触。

此次旧地重游，郑和年齿、阅历俱增，威望远胜当年。经过一番苦口婆心的劝说，悉里麻哈赖终于决定与满剌加国王重归于好。

宣德八年（1433年），悉里麻哈赖和满剌加国王还分别派遣使臣前来中国进贡方物。

离开暹罗和满剌加以后，郑和又率船前往忽鲁谟斯。

忽鲁谟斯是伊斯兰教大国，其地距古里有二十五天的海路路程，史称“有霜无雪，多露少雨。土瘠谷麦寡，然他方转输者多，故价殊贱”，而且民风淳朴，一家有难，“众皆遗以钱帛”。郑和手下的洪宝等七人以中国的土特产换回了狮子、驼鸟等独异之物，又将当地的“天堂”（清真寺）绘制下来，带给郑和。郑和将该图画携回国内，使明王朝的皇帝第一次可以较为直观地了解伊斯兰世界的一些风俗民情，这也可以算作是东西方文化交流史上的一件大事吧！

离开忽鲁谟斯之后，郑和一行所带的东西已用得差不多了，而且忽鲁谟斯等十七个国家都愿意派遣使者朝贡中国。在这种情况下，郑和决定返航。

关于郑和的最后结局，目前存有两种不同的说法。

一种说法是死于故土，另一种说法是卒于海外。

后一种说法见于一本专讲太监的书。该书还言之凿凿地指明郑和卒于古里，并说，“南印度尼西亚爪哇岛的三宝垄市，传说是郑和的安葬地”。

这种说法虽然给郑和的七次远航追加了壮烈的一笔，增加了感人性，但可惜与历史事实不符。

查《明史·外国传》中有关“古里”及“爪哇”等国的记载，均不见有所谓郑和卒于该处的说法。

倒是暹罗国建有“三宝祠”，不过那也不能说明任何问题。因为郑和死于本国，是明确见于其本传的。

为了说明问题，我们不妨摘录一段原文。《明史·宦官·郑和》中说：“宣德五年六月，帝（明宣宗）以践祚岁久，而诸番国远者犹未朝贡，于是，和、景弘（王景弘，与郑和一同下西洋的宦官）复奉命历忽鲁谟斯等十七国而还。和经事三朝，先后七奉使。所历占城、爪哇、真腊、旧港、暹罗、古里、满剌加、渤泥、苏门答剌、阿鲁、柯枝、大葛兰、小葛兰、西洋琐里、琐里、加异勒、锡兰山、喃渤利、忽鲁谟斯、黎伐、那孤儿凡三十余国，所取无名宝物不可胜计，而中国耗费亦不赀。自宣德以还，远方时有至者，要不如永乐时，而和亦老且死。自和以后，凡将命海表者莫不盛称和以夸外番，故俗称‘三保太监下西洋’为明初盛事。”

这段引文虽然较长，但概括起来，无非是说郑和下西洋为明初盛事，他第七次远航时是平安而归的（“奉命历……十七国而还”），而且到了宣德末年还活着，只是已经快老死了而已。

明宣宗宣德十年（1435 年）春正月，在位十年的宣宗朱瞻基病死，其子朱祁镇继皇帝位，是为英宗。

就在宣宗逝世的这一年，郑和也走完了他生命的最后里程。

这一年，他六十五岁。

靠梳头起家的太监

——清代宦官李莲英

◎皮硝李自阉入宫
亡赖子苦学梳头

◎贪心不足，妄想当国舅
欲壑难填，终不如印刘

◎十椅八黄，讨好西太后
动辄百万，收买隆裕妃

公元一九六六年五月十六日，中国爆发了一场“文化大革命”。本年七月，为了顺应“破四旧、立四新”的要求，北京市六一小学的两位老师打开了位于阜成门外恩济庄的一座清宫太监的坟墓。

这座坟墓处处透着一股说不出来的“怪异”。外表上看有祠堂、有牌坊、有门有楦、有棺有椁，但打开一看，却只有一颗尚未完全腐烂的人头，并没有发现身体其他部位的残骸。

很明显，墓主不是寿终正寝的，而是生前结怨甚多，杀他的人对他恨之入骨，所以让他死后也身首异处。

是哪一个太监能享有这样的“殊荣”呢？当时尚存的墓前石牌坊上的“钦赐李大总管之墓”告诉我们，墓主人姓李。

姓李的总管太监整个清代只有李莲英一个人。这一点是稍微了解一点清代历史的人都知道的。

李莲英不是慈禧太后面前最红的红人吗？他怎么会落下这么一个下场呢？

皮硝李自阉入宫
亡赖于苦学梳头

李莲英是个太监这谁都知道，但他当太监以前的经历却鲜为人知。

我们在叙述他这一段的经历时，不妨先看看他的籍贯。

关于李莲英的籍贯，目前有两种说法：一种说法说他是河北大城县人；一种说法说他是直隶河间府人。

这两种说法都有一定的合理成分，但又不都完全正确。

河北大城县是今天的叫法，“直隶”、“河间府”连在一起也不是清代的地名。

据《清史稿·地理志》记载，今天的河北大城县，当时叫作直隶大城县。而直隶州是直隶州，河间府是河间府。

直隶州共辖有大兴、宛平、良乡、永清、东安、香河、通州、武清、宝坻、宁河、昌平、顺义、密云、怀柔、涿州、房山、霸州、文安、大城、保定、蓟州、平谷等县。

河间府则辖有河间、献、阜城、肃宁、任丘、交河、宁津、景州、吴桥、东光、故城等县。

据与李莲英同时或稍后于他的人回忆，李莲英的籍贯应该是直隶大城县。

李莲英的出身和经历都比较复杂。

他早年当过私硝贩子。

在李莲英生活的那个时代，人们常将芒硝与萝卜同煮，经过滤后放冷，结晶后得到一种粉，时称“玄明粉”或“元明粉”。这是一味难得的中药，其性寒，味苦辛，能泻下、涤热、润燥、软坚，主治肠胃实热积滞、大便燥结、痰热壅积等症；外用治肠痈、乳痈初起，痔疮等。

李莲英在贩硝的过程中，常常往元明粉里掺假，差点弄出了人命。

大城县的捕快因之将李莲英抓到县衙门里关了一段时间，并将他枷号示众。

受了这次侮辱以后，李莲英发誓要改变自己的门庭，将来在人前显贵，报这一枷之仇。

要改换门庭就要想办法接近上层人物，为此，李莲英又改行以补鞋修鞋为业。年纪尚轻、阅历也浅的他未操此业之前从未穿过皮鞋。他觉得穿皮鞋的多是阔人，阔人们穿鞋也会坏，坏了就得找人修，所以，他选中了补鞋这一行。操上此业之后他才发现，阔人们虽然穿皮鞋，却决不来修鞋，来修鞋的决不是什么阔人。

明白了这一点之后，李莲英开始变得游手好闲、不务正业起来。他本人也由一个尚存一点羞耻之心的少年变成了一个“亡赖子”。

该干点什么呢?

李莲英常常问自己。

那年头，穷人恨阔人，也羡慕阔人。李莲英怀着这种“吃不着葡萄说葡萄酸”的心理四处乱窜。

当时，他们邻村有一个名叫沈兰玉的。其家原本也极穷。可是自从沈进宫里当了“老公（太监）”以后，不到十年的工夫，他们家就阔起来了，有了好几十亩地，还拴了好几头大牲口。发这种“老公”财的虽然被人看不起，但李莲英却觉得舍此没有更好的办法了。

于是，他打定了主意要改行当太监。

清代的太监，其来路有人归纳为四条：

第一条是穷人家被穷困所迫，把孩子送进宫去，指望将来或许能得些好处。

第二条是一些游手好闲的歹徒，拐骗无知少年或儿童，送到专门“制造”太监的慎刑司等处去骗卖钱财。

第三条是“制造”太监的慎刑司官员自己诱骗。

第四条是有些犯了重罪的人，利用“净身”来逃避刑罚。

这四条应该说概括得还是很准确的，但李莲英却哪一种类型也不能完全对得上号。他出身虽然贫苦，但却不是被父母逼迫才当了太监的。他入宫时年纪已经不小，谁也拐骗不了他，更没有犯下什么了不得的重罪。

他入宫当太监，完全是为了出人头地。

出人头地可不是件容易的事。

不要说深宫内院，其吉凶在宫外很难预测，就是被很多人瞧不起的太监，也不是谁想当就能当上的。

清德宗光绪以前，北京有两家专门“制造”太监的“作坊”：一个是位于南长街会计司胡同的毕五家；另一个是位于地安门内方砖胡同的小刀刘家。毕、刘两家都花钱捐了七品顶戴，他们与清朝内务府订有“合同”，每家每年给宫内输送一百六十个太监。

“僧多粥少”，所以，毕、刘两家操刀的人在报名者“挂档子”之后，还要对其进行面试。最重要的是还要摸裆，所有这些全部合格以后才动手对选定的人进行阉割。

阉割之后还要静养，活下来的人每人还要备置一套衣服，加上饭钱，杂七杂八，往往是个不小的数目。这笔钱当然是“羊毛出在羊身上”，由被阉割的人逐年偿还。

到了光绪二十六年（1900年），毕五和小刀刘因事触犯了权贵，“制造”太监的工作改由总管内务府的慎刑司进行。

李莲英是咸丰年间入宫的，所以，他应该是毕五或小刀刘家的“杰作”。

入宫前几年，他不过是一个洒扫庭院的小太监，干的也是一些最低贱的苦力活儿。

一个很偶然的机会，他听东暖阁兼永祥门太监与西暖阁兼增瑞门太监闲聊，说孝钦皇太后（西太后）近日经常责打专为她梳头的梳头房太监，原因是西太后想要梳“京市盛行一新式髻”，而那些一向梳惯了“老八板”头的梳头太监“仿之，屡易人，不称旨”，接连十几天，几乎一天换一个人。“长此下去，可怎么得了啊！”东暖阁的太监慨叹道。

俗语说，“说者无心，听者有意”。东暖阁和西暖阁的太监可能只是把这件事作为一个谈资，觉得咀嚼别人的痛苦，也是证明自己幸福的一种方式而已，但李莲英却从中悟出了一些别人没有想到的东西。

那天晚上，睡觉之前李莲英心里想道：“从表面上看，梳头太监是最危险的活了，因为每天都有可能受到太后的责打。可是，‘祸兮福之所倚，福兮祸之所伏’，倘若换一个角度，反过来想一下，要是有谁能够满足西太后的要求，梳出她想要梳的头型来，那这个人不但不会受责罚，而且还可能因此而飞黄腾达。这是个机会，一个千载难逢的好机会！”李莲英在暗中攥紧了拳头，自言自语地说：“看我的吧！”

从第二天开始，李莲英接连十几次出宫去“拜师学艺”。

这种“业余学习”在当时是要冒很大风险的。因为按皇清祖制，太监是不许随便出宫的。倘遇有急事，非出宫不可时，要出示“腰牌”。“腰牌”有点类似于现代的出入证，不过是以木为之，上有印。李莲英连着出去了十几次，也不知他用了什么手段。

这么频繁的出入，他都到什么地方去了呢？

有识者答曰，去了“八大胡同”。

八大胡同是当时的“红灯区”，乃是妓女们的聚居地。其地在北京宣武门外，归城南御使管辖。

当时，北京分为东、西、南、北、中五城，有所谓“中城曰子女玉帛，东城曰布麻丝粟，南城曰商贾行旅，西城曰衣冠文物，北城曰奸盗邪淫”的说法。

由于“商贾行旅”往来甚多，所以八大胡同的生意也就特别的好。一些在中国近代史上留下过名字的妓女如小凤仙、赛金花等都在这里挂过牌、营过业。一些晚清要人，如庆亲王奕劻的儿子载振等也都是这里的常客。至于士农工商、贩夫走卒、引车卖浆之流，更是数也数不清了。

不过，正常人逛妓院是为了找乐子，李莲英一个小太监，一个已经被阉过了的男人，他来八大胡同有什么乐子可找呢？

难道他像那位赫赫有名的安德海一样，是一个“伪劣假冒”太监？

当然不是。

李莲英一生说了不少假话，干了不少假事，假得不能再假，唯独他的太监身分倒是真得不能再真。

他来八大胡同是来向妓女们学习梳头的。

大概从亚当、夏娃偷食了智慧果的那一刻起，人类的男女之间就出现了异性相吸的现象。

在古代的中国，有一句流传颇广的话，叫作“士为知己者死，女为悦己者容”。

“士为知己者死”不是我们本文所要讨论的内容。“女为悦己者容”这句话确切地说，应是“女为使人悦己而容”。

怎样才能使人“悦己”——喜欢自己呢？

当然是梳妆打扮了。

梳妆打扮的要点在古人看来，一为眉，一为发（头发）。《木兰诗》所谓“当窗理云鬓，对镜贴花黄”就是一个很精当的概括。

现代的摩登女性常常“纹眉”，古代的妇女是如何修眉的呢？宋代大文豪苏东坡曾以诗的形式介绍过三种眉型名称：“成都画手开十眉，横烟却月争新奇”，“倒晕连眉秀岭浮，双鸦画鬓香云委”，其中“横烟”、“却月”、“倒晕”是也。明、清时代，宫中盛行“西蜀十眉”，这十眉是“一曰开元御爱眉，二曰小山眉，三曰五岳眉，四曰三峰眉，五曰垂珠眉，六曰却月眉，七曰分梢眉，八曰涵烟眉，九曰拂云眉，十曰倒晕眉”。

比眉更重要的是头发。女人头发的式样简直就和头发数量一样，数也数不清。像什么“菩萨弯”、“凤尾髻”、“倒马坠”、“双盘龙”、“远山垒嶂”等，一口气能举出几十种。

而领导女子眉、发，尤其是发式新潮流的——说来人们也许不信——竟是妓女。

这一点其实也很好理解。

因为文明社会，尤其是古代中国，虽然对妇女的行为作了种种的限制，所谓女子四行——“德、容、言、工”，以品德修养为主。一个男子明媒正娶地与一个门当户对的女子结婚，是为了传宗接代，延续香火，只要能满足这个要求就行了，因此，妓女以外的女性很少刻意修饰打扮自己取悦丈夫。相反的，《二十五史》中大量的史实记载表明，中国古代社会的价值取向是反对有身份、有地位的女子刻意修饰自己。

但妓女却不在这个道德体系之内。她们除了自己的容色以外，没有任何可依靠的。社会道德体系对她们的举止行为不加任何匡正，这一方面是对她们的一种蔑视，另一方面也是对她们的一种宽容，是挑战，也是机遇。

面对无数大家闺秀和小家碧玉的挑战，她们必须时时刻刻注意自己的梳妆打扮以求摩登。因此，她们能够且必须不断地创造出新的画眉方式，梳出新的发型。好在她们没有任何可资的门第家业，也没有任何心理负担，允许成功，更允许失败。

有趣的是，那些上流社会的女子们虽然表面上像躲避瘟疫一样地躲避妓女，但在心里却艳羡妓女们的肆意自由和无拘无束。碍于自己的身份，她们当然不可能“邯郸学步”，但在一些梳妆打扮上，她们却可以“东施效颦”。

这种“效颦”是只可意会而不可言传的。

李莲英本人年纪虽然不大，却颇工于心计，深谙慈禧太后的这种阴暗心理。

所以，他才决定由自己先去“效颦”，然后再回来为主子服务。

你还真别说，这个贩芒硝、补皮鞋干什么都一事无成的“亡赖子”，学起梳头来却是蛮机灵的，而且入门极快。他不长时间就基本上掌握了当时“市面”上最为流行发式的梳法，经过几十次反复演习、观摩，手艺更是达到了炉火纯青的程度。

“学成文武艺，货与帝王家。”学习梳头当然不是李莲英的最终目的。

自以为可以登场献艺的李莲英在一天晚上“打钱粮”（宫门上锁）之前，悄悄地溜到了同乡前辈沈兰玉的住所。

“沈大叔，”李莲英毕恭毕敬向沈兰玉作了一个揖，说道，“小侄今天来，是想求您帮个忙。”

"帮什么忙？"沈兰玉漫不经心地问。

"小侄听说西边的太后身边最近非常缺梳头的，因此，我想请大叔帮我说说……"

"什么？"沈兰玉"噌"地站了起来，一把扯住了李莲英问道，"你要我帮你说什么？"

"小侄想去当梳头那个差，去侍候太后主子。"

"你活腻了是不是？"沈兰玉破口大骂道，"你以为那活儿是你能干的？告诉你，梳头房里的人梳了好几十年的头都侍候不好主子，你一个只会洒扫的小猴子，怎么敢揽这个'瓷器活儿'？"

"大叔，"李莲英"扑通"一声跪在地上，一把挽住了沈兰玉的大腿，哀求道，"您就帮帮忙，给我一次机会吧！"

"这个……"

"大叔，您放心，小侄这次倘能蒙荐进梳头房，有功是我和大叔两个人的，若是出了什么差错，统统由我一个人承当，决不会也不敢牵涉别人。"

沈兰玉听了，沉吟了近半晌，最后把牙一咬，脚一跺，说道："好好好！我这就给你说去。不过咱们丑话可是说在前了，我也不想贪你的功，只是你要是惹出事来，或者是挨了责罚，别怨我就行了。"

慈禧太后听沈兰玉说，有人自荐来给她梳头，感到几分诧异，便略带几分好奇地问："这个人是宫里的吗？"

"跟太后回，是宫里的。"

"他是干什么差使的？"

"是洒扫庭院的。"

"混账，洒扫庭院的人怎么会梳头？"慈禧勃然大怒。

"奴才该死！奴才该死！"沈兰玉一见慈禧发了怒，七魂吓掉了六魂，一边在心里暗骂"皮硝李"这小猴子净给自己添麻烦，一边战战兢兢地叩头说，"奴才这就叫人把那小猴子吊起来打一顿！"

"回来！"慈禧的脸和她的脾气就像六月里的天气一样，说变就变，让人一点也摸不着头脑，"谁叫你吊人打人的？你是想让我整天里披头散发啊？”

“奴才不敢！奴才不敢！”

“谅你也不敢！”慈禧若无其事地说，“今天天晚了，明天去把那个小猴子——对了，他叫？”

“李进喜（李莲英原名李进喜，后来因服侍慈禧太后，被太后赐名李莲英。文中为了方便，直接称其为李莲英），李进喜！”

“对，把李进喜那小猴子给我带来，办得好，连你也有赏！”

到了第二天早晨，天还没有完全亮，沈兰玉就带着李莲英来到了西太后的寝宫外等候。

等了足有好几顿饭的工夫，太后的贴身宫女才遥遥招手，示意李莲英可以进去了。

“奴才李进喜叩见太后。”一进门，李莲英就伏在地上叩了一个响头。

“你就是李进喜？”

“是。”

“今天你这个差使可是自荐的，梳得好，重重有赏！”

“谢太后！”李莲英又叩了一个头。

“谢什么，我是说梳得好才有赏！”

“是。”

李莲英又叩了一个响头之后，半蹲半跪地给慈禧梳起头来。

其时，慈禧太后虽说并未到不惑之年，但是日夜操劳，加上患有气血两亏之症，使得她的头发发梢焦黄、易折。

据史料记载，慈禧太后对自己的满头乌发甚是喜爱，平日里最害怕掉头发。而太监给其梳头的时候，却难免出现毛躁。不是梳得不舒服，就是要梳掉几根她的头发，因此挨打的太监不在少数。

李莲英早已从别人的口中得知了这一点，也从别人的失败中吸取了教训。

事先，他不知演练了多少次。在他看来，慈禧太后虽然贵为太后，但也只长了两只眼睛，梳头时她也只能看前边而看不到后面。因此，偶尔梳掉她一两根头发，若是能眼疾手快地把它笼在袖子里，她也发现不了。

梳头发时不让慈禧发现她本人掉了头发，这只是耍小聪明，要想真正让慈禧心满意足，那得靠真功夫。

李莲英刚一搭手，慈禧就觉得这“小猴子”有两下子：以往别人给她梳头，她都能感觉到，而现在李莲英给她梳头，她却没有一点感觉，此所谓轻；以往别人给她梳头，常常花上好几个时辰，而这小猴子竟不到一顿饭的工夫就干完了活儿，此所谓快。

“就是不知梳的样式怎么样？”慈禧暗暗在心里画了一个问号。

李莲英仿佛早就揣知了太后的心事，变魔术似的掏出一个西洋佛郎机国进贡的折叠式小镜子来跪呈给慈禧。

“这是我吗？”慈禧拿过镜子来定睛一看，几乎不敢相信自己的眼睛了。只见镜中有一个红粉佳丽，杏眼凤眉。最好看的是那一头云鬟，斜插的两只碧玉钗，与满头青丝相映衬，把本来只有七分容貌的慈禧太后打扮得十二分的精神。

这样的人到哪里找去，慈禧一高兴，立即下令将李莲英调到自己的身边，专司梳头之职。那位沈兰玉也因举荐有功被赏赐了不少白花花的银子。

贪心不足，妄想当国舅
欲壑难填，终不如印刘

有一位海外华人史学家在谈到清王朝的宫廷人员组成时，盛赞清代宫廷门风严谨，尤其是太监更是少得不能再少。

这种说法是有失偏颇的。

不错，倘若与明朝崇祯末年的九万多名太监相比，清朝末年宣统退位时的八百多名太监确实是有些少得可怜。

但清王朝太监人数的减少，也是经过了一番沿革的。清世祖福临入关之初，整个宫廷设乾清宫执事、司礼监、御用监、司设监、尚膳监、尚衣监、御马监、惜薪司、钟鼓司、直殿局、兵仗局等十三衙门，计有太监九千人。到康熙年间撤掉了十三衙门，设总管内务府领其事，太监人数开始减少。乾隆时代，太监减至二八六六人。嘉庆年间，减至二六三八人。到了慈禧掌权的同治、光绪年间，已经减少到了一千多人。

虽然整个皇宫太监的人数呈逐年下降的趋势，但就是只剩下一个太监，也要先去服侍老佛爷。只是老佛爷喜怒无常，很难侍候。

近两千个太监中，慈禧前前后后真正看上眼的只有四个人。

这四个人是安德海、印刘、李莲英、小德张。

安德海、李莲英、小德张是人们所熟悉的，印刘这个人对相当一部分人来说却很陌生。

其实，“印刘之宠眷，实在张、李以上”。

印刘是河间府人，与安德海、李莲英等人不同的是，印刘是个有一定文化基础的太监。有一份史料上说他“性机敏，略通史书，于时局形势，颇能知其大凡”。

慈禧太后虽然贵为天子之母，按照皇清祖制却也只能终日独处深宫，天长日久，难免会感到寂寞。

李莲英、张兰德（小德张的本名）虽然也能时不时地插个科、打个诨，逗太后开心，但他们却像山间竹笋那样“嘴尖皮厚腹中空”，与他们谈话虽然不累，但却没有任何收获。

印刘就不同了，他读过一些史书，人又机敏。当时，清宫内立有世祖福临的圣训，严禁太监干政。慈禧本人又是个虚荣心和嫉妒心都极强的女人，每逢处理政务遇到什么疑难问题时，总是“借端论列”——拿别的朝代作比方。印刘本人呢？更是机敏无比，“为之罕譬曲喻，以彼证此”——也借别的朝代别的人的口气，对慈禧所提的那些问题做各种各样的解释。

这种默契十足的谈话方式，颇有些打哑谜的味道，但慈禧对印刘的好感却与日俱增。

有能耐的人可惜并不长寿，印刘圣眷正隆之时突然患了石麻病，看了不少医生总算治住了，可是不久又突然发作而不治身亡。

印刘病死时，慈禧正驻跸颐和园万寿山。山上不能停放尸体，慈禧就命人用自己上山乘坐的四人抬竹轿把印刘的死尸抬下山去。

印刘死后，李莲英递补上来，成了内廷太监的大总管。

但他这个大总管一开始当得却并不怎么惬意，因为慈禧太后的心中还有印刘的影子。俗话说“女子重前夫，男儿重后妇”。印刘、李莲英虽然与慈禧并非夫妻，但他们之间关系之密切却早已超过了一般的夫妻关系。

这段时间大约持续了两年。在这段时间里，慈禧动辄慨叹：“要是小刘（印刘）还在就好了！”

这句话虽然不是责骂李莲英，却比直接打他骂他还要叫他难以忍受。

“干吗老要拿一个死人与我这个活蹦乱跳的大活人比？”李莲英常常在心里边暗暗嘀咕，“印刘再能，他也死了！”

心里嘀咕归嘀咕，但活儿还得小心去干，毕竟，一个小太监能混到今天的这个位置也不容易。

慢慢地，慈禧太后不再提印刘如何如何了，但李莲英却在心里对这位已经故世了的“大师兄”充满刻骨的仇恨。

据一位曾经接近过李莲英的小太监回忆：“莲英尝告人曰：‘小刘在日，咱屡次受他的气。到今日死了，还要连累咱家，真正可恼！’”

所以，当时宫中流行一句话，叫作“死刘气煞活李”。

虽然“死刘”能够“气煞活李”，但比起他的两位前任“师兄”（安德海、印刘）来，李莲英却有职有权，享尽了荣华富贵。

在一九六六年七月拆毁的李莲英墓墓志铭上有这样一句话：“当醇邸观兵海口，公从之，维持左右。”这话是什么意思？我们不妨拆开来解释一下。

“醇邸”即醇亲王奕譞府邸。他是咸丰皇帝的七弟，其妻为慈禧之妹，因而他与西太后是亲上加亲——既是慈禧的小叔子（夫弟），又是慈禧的妹夫。此人是一个城府极深的人，这可以从他中晚年自拟的三个名号看出来。这三个名号是：朴庵、退潜居士、九思堂主人。就是这样一个亲上加亲，又态度谦抑，遇事肯于退让，处处谨慎小心的人，慈禧对他也不十分信任。

“海口”并不是今天的海南省海口市，而是指天津附近的渤海口。

光绪十三年（另一本讲太监的书说是光绪十四年，这是不正确的，今据亲历其事的醇亲王之孙溥杰作的回忆改），是公元一八八七年。这一年，以直隶总督兼任北洋大臣的李鸿章练兵告成，请求朝廷简派大员前往检阅。

李鸿章当时已是正一品的封疆大吏，自曾国藩过世以后已然领袖百官。他上书给朝廷请求派人前去阅兵本为邀功，却着实给皇帝出了个难题。

还是慈禧太后有办法，大臣无人可派，她就派亲王，于是点了醇亲王奕譞的将。叫奕譞一个人去，西太后又有些不放心。这时，一个惊人的决定就做出来了：派李莲英以二品官衔，赐红顶戴，黄马褂，作为醇亲王奕譞的副使，一同前往。

这可是个有违皇清祖制的决定。

在李莲英之前，清宫里的太监向例是不准出都城一步的，更不用说以钦差的方式，戴红顶子、穿黄马褂到别的地方耀武扬威了。

阅兵结束后，有一个名叫朱一新的御史，因为李莲英居然被委以出都城阅兵的重任而大感诧异，愤然上书。

由于李莲英是西太后面前的大红人，朱一新也不敢直接拿李当靶子。于是，他拿当时直隶全省闹水灾，请太后反躬修身为由头，借题发挥，话里话外地点到了李莲英，认为太后不应该派一个“刑余之人”出城去任阅兵副使。

朱一新觉得自己够含蓄的了，但慈禧却仍然觉得“打狗伤了主人”，下旨令朱复奏，叫朱一新拿出具体的例子来。

朱一新也真是认死理，随口就举出一个例子，说直隶总督曾派人用船迎接醇亲王，但被奕譞拒绝，而李莲英却无视僭越之嫌，面无愧色地上了这条只有亲王以上的人才能坐的船，结果害得总督衙门的文武官员们误以为醇亲王驾到，大失朝廷体统。

因为事关国家体制，慈禧太后也不好公然驳回，但她还要维护李莲英，所以就召见醇亲王，向他“查问”此事。

醇亲王就是再笨，再不机灵，也知道慈禧太后“查问”的目的。

于是，醇亲王全面否认此事。有了王爷的“证词”，李莲英的腰杆子又硬了。在他的挑拨和唆使之下，那位刚直不阿的朱御史以“诬奏”的罪名被革去了官职。

这一段时期，可谓李莲英人生中的鼎盛时期。

据服侍过李莲英的小太监刘兴桥、赵荣陲、冯乐庭回忆，在入宫的中晚期（光绪十三年以后），李莲英已经成了西太后“离不开的人”。

每天三顿饭，早晚起居，李莲英和慈禧都互派太监或者当面互致问候。常用的问候语有“进得好”、“吃得香”、“歇得好”等。

有的时候，西太后还亲自来到李莲英的寝室，招呼他说：“莲英啊！咱们一起遛弯去呀！”

当然，宫里宫外的太监、御医们也不是没有人想取李莲英而代之，但无论是谁，最后都会被李挤走。

李莲英“挤人”的手段像他给慈禧梳头的本领一样高明。

有一个时期，慈禧太后宠爱上了一个名叫姚宝生的御医，经常传他进宫诊脉，同时聊天。李莲英由嫉生妒，由妒生怕，害怕自己的宠爱会被姚夺走，于是就打起了坏主意。他知道光凭自己一个人的力量扳不倒姚宝生，而对姚的打击又只能是一次性完成，且只许成功不许失败。

假手于人是最佳选择，但假手于谁呢？皇帝？根本不行，同治皇帝是慈禧亲生，见了慈禧尚且像老鼠见到猫似的，更不用说光绪了。

放眼衮衮诸公，慈禧太后放在眼里的只有一个人。这个人不是别人，正是在“祺祥政变”中立有不世之功的恭亲王奕䜣。

据说连慈禧的丈夫咸丰皇帝生前都对他的这位六弟（恭王行六）既恨又畏。慈禧因诛杀肃顺等人时，恭亲王曾有佐命之功，更是对奕䜣高看三分。

所以，找恭亲王帮忙，除掉姚宝生，这是最佳方案。

但此计说起来容易，实行起来却颇难，因为恭亲王从来就不对太监假以辞色，这一点是屡见于前人的记载的。李莲英的那位“大师兄”安德海虽然是同治小皇帝下令山东巡抚丁宝桢就地正法的，实际上力主其事者却还是恭亲王奕䜣。

但李莲英自有办法。

他知道，恭亲王一生最恨宫内女眷宫闺不谨，于是，就风言风语地挑唆恭亲王，说姚某人怀有缪毒、吕不韦之流的狼子野心，虽然查无实据，但其心可诛，最后逼使这个御医自杀才算了事。

李莲英可以除掉慈禧的情人，但慈禧却一时也离不开李莲英。

《清代十三朝宫闱秘史》上还记载过这样一件事，题目叫“老佛爷为大姑娘做媒”。

“大姑娘”可不是一般意义上的二八佳人，而是指李莲英的妹妹。

西太后当“红娘”，这可是闻所未闻的新闻。

事情的起因是李莲英想过过当国舅的干瘾。

原来，李莲英有一个妹妹（一说是干妹妹）长得颇有几分姿色，大约在光绪十七年（1891 年）时还未嫁人。

李莲英在后宫中闲来无事听人闲扯，知道西汉武帝时，他们的李姓本家出了一个皇妃。而这个本家女子能够成为皇妃（汉武帝的妃子），完全是得益于她的亲哥哥、当时供奉内廷的乐工李延年在皇帝面前的吹嘘。

“北方有佳人，遗世而独立。一顾倾人城，再顾倾人国！”李莲英虽然没有读过几天书，但却有一个博闻强记的好脑袋。别人传诵的李延年夸赞其妹的佳人歌，被这位大太监牢牢地记在了心里。

李莲英当然不会那么笨地去复述李延年的歌词，但他却从中受到了某种启发。

自那时候开始，他屡屡在慈禧太后面前夸赞自己的妹妹，说她人长得俊，品行脾气又好，女红针线无所不精。

一来二去，把个独处深宫的慈禧给说动了心，就命他得便时将其妹带到宫中见见世面。

这个“便”李莲英是马上就“得”的。几天以后，他就把妹妹领到了慈禧面前。“莲英之妹甚慧黠，善伺人意。”结果，西太后一半是真正地喜欢她，一半是看了李莲英的面子，“宠甚，呼为大姑娘”——把她称作“大姑娘”，这就是大姑娘一名的由来。

慈禧太后是很能摆谱的。

我们看《红楼梦》中的那个贾母，每一顿饭要吃很多道菜，但若与西太后比起来那简直是小巫见大巫了！

光绪时期有一个名叫信修明的太监写了一本《宫廷琐记》。在这本书中他提到西太后的一次膳单，计有：

火锅二品：八宝奶猪火锅、酱炖羊肉火锅。

碗菜四品：燕窝万字金银鸭子、燕窝寿字五柳鸡丝、燕窝无字白鸭丝、燕窝疆字口蘑鸭汤。

杯碗四品：燕窝鸡皮串鱼脯丸子、鸡丝煨鱼面、木樨肉、炖海参。

碟菜六品：燕窝炒炉鸡丝、蜜制酱肉、大炒肉焖玉兰片、肉丝炒鸡蛋、溜鸡蛋、蘑炒鸡片。

片菜二品：挂炉鸡、挂炉鸭。

饽饽四品：白糖油糕寿意、立桃寿意、苜蓿糕寿意、百寿糕。

随克食（小吃）一桌：猪肉四盘、羊肉四盘、蒸食四盘、炉食四盘。

此外，还有野意十数种，如鹿脯、鹿胎、山鸡、熊掌、芦雁、天鹅、地鹩、哈司蚂之类，皇族后妃每顿也要贡献美食几品。这样合计起来，每次就有百数十品之多。

这么多的好吃的西太后当然吃不了，吃不了宁可倒掉，她也决不允许别人与她分享。

但是，自从李莲英的妹妹来了之后，慈禧却“食时，每同宴”——让这位大姑娘与她同桌而食。

于是，一种很不合礼仪的现象就出现了：

本来，臣下侍候主子、媳妇侍候婆婆乃是天经地义的。原来，光绪皇帝的皇后以及宫中其他有头有脸的女官，也都在每天三顿饭的时候来到慈禧这里侍膳，但大姑娘一与西太后同席，一个问题就出来了，该不该侍候她。当然，这个问题因为牵涉到太后和李总管，所以只能存在心里，表面上这些人还都得“立伺于旁”。

有一天，醇亲王奕譞的夫人进宫请安，来到了太后的居所。

我们前面已经说过，醇亲王是慈禧的亲妹夫，那么其夫人自然是慈禧的亲妹妹了。

对于自己的亲妹妹，慈禧虽然给予种种物质上的关照，但却从来不曾假以辞色。但今天却一反常态，当她请安完毕，慈禧竟命人搬座位给她坐。醇亲王夫人大感惊异，逡巡不敢马上就坐下，口里连称这样不妥。

慈禧哂笑着道：“叫你坐，你就坐吧！”

“这个……”

“什么这个那个的。告诉你吧，我所以赐坐，可不是为了你，呶，”慈禧一边说着，一边拿手一指立在她身边的一个年轻女子，“我是为了李总管的妹妹大姑娘。大姑娘是汉妆，小脚纤足，不能站得太久，你不坐，她也不好意思坐，所以，你还是快坐下吧！”

这话可把醇亲王福晋给气坏了，要知道，她不光是慈禧的妹妹，而且还是一位亲王的福晋啊！难道说一位王妃竟不如一个汉人家的黄毛丫头尊贵吗？但她也只能“愤甚，而不敢言”。

其实，倘若醇亲王福晋知道李莲英想让光绪皇帝娶她的妹妹，而慈禧太后又愿当这个“红娘”的话，她的心里也就不会这么不平衡了。因为她只是一个王福晋，而那位大姑娘却是有可能成为皇妃的。

可惜，落花有意，流水无情。光绪皇帝天生就对女人不感兴趣（史称“自幼体虚，不喜渔色”），对李莲英的暗示，李大姑娘送来的“秋波”，甚至对皇太后叶赫那拉氏这位“红娘”的“牵线搭桥”都一概听而不闻，视而不见。

正主儿不急，别人再热心也没办法。就这样，李莲英的国舅梦成了泡影。

时人屠寄之《结一庐诗集》中有宫词二首，隐咏其事：

其一

偷随阿监入深宫，与别宫人总不同。

太母上头宣赐坐，不教侍立绣屏风。

其二

汉宫谁似李延年，阿妹新承雨露偏。

毕竟汉皇非重色，不将金屋贮婵娟。

国舅既然没有当上，李莲英也就不再求“名”，转而图利。

清代末年，贪贿之风盛行，连皇帝每入太后宫请大安，都要给敬事房总管太监一些好处，美其名曰“赏赐”。

其他如外省官员、封疆大吏，欲要在仕途上有所成就，无一不需打通关节。当时有一句顺口溜叫作“火到猪头烂，钱到事好办”。

据当时人记载，庆亲王奕劻（曾任光绪末年的军机处首辅）因其子载振与人在八大胡同争风吃醋，被骗去几十万两银子。为了捞本，奕劻特意“明码标价”，宣布每个外省大员进京陛见，到庆亲王府辞行时，最低都要递五百两银子的“红包”，多者不限。结果，不到一年的时间就将所亏之财全部收回，而且还净赚了不少。

那位以议政王的身份凌驾于百官之上的恭亲王奕䜣在收受贿赂方面也从不后人。据说，他用的方法较为隐秘，凡给他送银子的人都要把银子放到酒坛子里。当时任宗人府（主管皇族事务）宗正的老五王爷曾经以索酒的方式从奕䜣手里分得过一坛。

李莲英虽然从名望上不能与两位亲王相比，但论起敲竹杠的本事来，却在二王之上，至少不在二王之下。

清光绪二十二年（1896年）是慈禧的六十大寿。曾以工部左侍郎的身份入值军机处，并兼任总理各国事务大臣，兵部、刑部尚书的山东济宁人孙毓汶觉得这是一个东山再起的好机会——不久以前，孙在总理各国事务大臣任上，曾因附和李鸿章签订并批准丧权辱国的《马关条约》而被弹劾，丢掉了乌纱帽。

于是，孙毓汶不惜重金，请人打制了一架西洋自鸣钟，准备作为寿礼，献给西太后。

这架自鸣钟有几个不同凡响之处：其一，整个钟身系用纯金打制；其二，不仅有自动报时功能，而且报时时有美妙的音乐。在音乐声中，钟顶附带的小阁楼里会先后走出四个小机械人，每个小人手上都举着一个字，依次为“万”、“寿”、“无”、“疆”。

这个本来俗不可耐的黄金座钟因为有了这个新奇的玩意极有可能“艳压群芳”，在众多的寿礼中一举夺魁。李莲英是在场面上混过来的，又深知西太后晚年的脾气禀性，因此，不由在心里打起了鬼主意。

他想，这份厚礼足可以使孙毓汶官复原职，但若是不“宰”他一刀，自己岂不太亏了。

怎么个“宰”法呢？

此时，孙毓汶正亲自给他演示，那四个小机械人也刚好走出三个，依次为“万”、“寿”、“无”。

“有了，”李莲英在心里暗叫，“这不就是个很好的由头吗！”

于是，他屏去从人，故意装出一副推心置腹的神情，神秘兮兮地对孙毓汶说：“孙大人，你我不是外人，有些话不知当讲不当讲？”孙毓汶是个有名的“官混子”，对于官场上的事是门儿清，一见李莲英与他套近乎，忙不迭地说：“李公公，请讲，请讲！”

“那我可就直说了，”李莲英把身子往前凑了凑，“我先要请教孙大人，这架自鸣钟上的小机械是否万无一失？”

“公公的意思是？”

“孙大人，您用四个小人举四个字，祝太后‘万寿无疆’。这个想法很好，而且还很有新意，可谓‘前不见古人，后不见来者’。”李莲英转了一句文，“但是，不知您想过没有，万一那四个小人只出来三个，有一个卡在了里边，而且卡住的那个手里正好举着‘疆’字，那么，你精心设计的祝寿语岂不就变成‘万寿无’了吗？‘万寿无’这可是大不敬的罪名啊！”

孙毓汶一听，吓得直冒冷汗。是啊，虽然他事先不知亲手调试了多少遍，但谁敢百分之百地担保那四个小人不出一点毛病呢？自己费尽心机，本来是为了取悦于西太后，倘若马屁拍到了马腿上，那岂不是“赔了钱财又丢前程”吗？于是他虚心地向李莲英求教：“下官愚钝，请李公公明示！”

“难啊！难！”李莲英故意装出一副十分为难的样子。

“只要有办法，公公出个主意，需要什么我去弄！”

“要办这件事起码也得十万两银子！”

“只要公公能保我平安，又能叫太后开心，甭说是十万两银子，就是十五万、二十万，下官也舍得！”孙毓汶一见李莲英口气有了松动，忙用话把它夯实。要知道，此时的李莲英可是慈禧太后的“高参”，他的一句话、一个暗示都可能“生死人而肉白骨”——决定人的生死，更不用说帮人平步青云了。所以孙毓汶明知道李莲英是向他敲竹杠，但也不捅破这层“窗户纸”。相反，他倒有几分欢喜。他以为，只有认为是可靠的人，李莲英才敢于公然要钱。再者，倘若李莲英此时不帮他的忙，反倒说他的坏话，那他不但复官无望，而且不惜重金打制这架自鸣钟也会变成劳而无功之举。

李莲英见孙毓汶已被自己唬住了，决定把“网”收紧。他知道，像孙毓汶这种人虽然嘴上慷慨，但骨子里却是十分吝啬的，要让他一下子“吐”出太多的钱来，他会狗急跳墙的。

于是，他开口说道：“咱们也不是外人，我还是那句话，孙大人您出十万两银子，我为你把这件事摆平！”

孙毓汶马上派人回家取了十张银票（每张票值一万两），并亲手把银票交给了李莲英。

把银票收好之后，李莲英给孙毓汶出了一条锦囊妙计：把四个小机械人手中的“万”、“寿”、“无”、“疆”，换成四个“寿”字。这样，无论是卡在哪里，映入观者眼帘的都会是“寿”字，三个“寿”也好，四个“寿”也好，反正都是“寿”字，庶几足可保万无一失了。

这一条“计谋”敲了孙毓汶的十万两银子，李莲英可算是身不动、膀不摇，生财有道。

大约在“百日维新”的前几年，李莲英一日心血来潮，忽然忆起海口阅兵时李鸿章对他的倨傲不恭，挖空心思想要捉弄中堂李大人一番。

有一天，李莲英微服出宫，前往李鸿章在北京的府邸，假托有可靠消息，说老佛爷想要修建颐和园，只是由于“库帑支绌”没有太多的钱，因而一直隐忍未言。李中堂既然是国家重臣，又是太后亲手拔擢的封疆大吏，应当捐出一些银两来报效太后，这样也好给其他文武百官做个榜样！

李鸿章听了觉得此言有理，忙向李莲英请教。李莲英也不客气地面授机宜，他一本正经地对李鸿章说：“修园子是件大事，凡事预则立，不预则废。中堂大人倘若真的对此事有兴趣，我可以做您的向导。”

一见李莲英这样够“朋友”，李鸿章也有点晕了，他想也没想就答应了下来。

次日，李鸿章按照约定时间来到颐和园门外时，门口却只有两个小太监，而不见李莲英。

“你们的李总管呢？”李鸿章见状甚感惊异。

“回中堂大人，总管现在正在侍候老佛爷。他命我们给中堂当导引，请中堂这就入园一边看景一边等他。”

要是对方也是外臣，李鸿章可能就要琢磨琢磨了，但李莲英是内臣，而且又是一手遮天的大总管，他请人来，想必不会有什么事吧！再说，又是商量替太后修园子的事。李鸿章思及于此，就举步跟着两个小太监往园子里头走，而且还边走边指指点点。

李鸿章进了颐和园后，经过玉澜门入乐寿堂，接近了慈禧太后的寝宫。这对一个外臣来说乃是大不敬的罪名。倘是在康熙、雍正年代那是要杀头的，就是在光绪年代，也断不能入。

当李莲英好整以暇地算准了李鸿章入园的时间，并一五一十地向光绪皇帝作了汇报之后，光绪皇帝一开始还不相信会有这等事。此时李莲英却早已胸有成竹，俗话说“耳听为虚，眼见为实”，他把当时也在园子里的光绪引到了李鸿章的必经之路，光绪果然发现了那位中堂李大人。

依光绪的脾气，当时就要发作，李莲英拦下了他，并如此这般地进言一番。光绪听了，沉思半晌，点了点头。

第二天朝会时，光绪对李鸿章“下诏申饬，交部议处”，“都人士皆传为笑柄，而不知彼为李阉所卖也”。

十椅八黄，讨好西太后
动辄百万，收买隆裕妃

据说，唐代那位身历六朝的大宦官仇士良曾经有一个常保身居高位的秘诀，那就是多弄些“声色犬马”，让皇帝享用，使皇帝无暇顾及其他的事。这样，权力自然会保持在宦官的手里。

作为大清王朝的有名太监，李莲英也有一个保证自己受到宠遇长久不衰的“秘密武器”，那就是善于体察主子，亦即慈禧太后的意图，而且常常能够洞烛先机。

作为敬事房总管太监，李莲英除了要照料慈禧的日常起居以外，还要掌管宫中所有太监的升、降、调、补，并巡视宫中各门的启闭关防等，日常工作还是不小的。所以，李莲英除了在宫外置下一处府邸外，在宫内也有专用的“直庐”——值班室。

这所直庐离西太后的寝宫极近。所以，慈禧在打牌、听戏之余，偶尔也来这个地方走走。

直庐的房子没有多少豪华的陈设，唯一不同的是有十把椅子。这十把椅子说来也很平常，不平常的是十把中竟有八把蒙着黄缎子。

这是怎么一回事呢？

原来，像宋、明等朝一样，清王朝于五色中尚黄，并且规定黄色为皇家御用之物，除了皇上、皇太后、皇太子等皇室成员以外，其他人非恩准（如赏穿黄马褂），严禁使用。因为慈禧太后到直庐遛弯时前前后后一共坐过八把椅子，李莲英为了讨慈禧的欢心，遂将这八把椅子全用黄缎子蒙好，视为圣物，供奉起来。

这一着果然大得西太后的欢心。

据说奉天（今沈阳）清故宫飞龙、翔凤二阁藏有许多清帝遗物：如飞龙阁中之乾隆佩刀，刀长约尺许；又有朝珠一盒，计八百枚；珍珠龙袍一件，龙纹系以小珠贯串而成，均系乾隆遗物。慈禧以前常听人谈起，并且私下里艳羡不已。说真的，直到此时，她除了在宫里作威作福之外，还很少看到有人把她用过的东西珍藏起来当作圣物保护，而李莲英却想她之所想，做她之所想做，这怎能不令她心里对李莲英又增加许多好感呢！

据史料记载，慈禧中青年时代是一个爱说爱笑的人，但到了晚年，却喜好静默，不乐言语。

这样的主子更难侍候。

但李莲英仍然有他的办法。

他的高招是，以静侍静，揣摩上意，常备不懈。

比如，随慈禧出宫，得要先看天气。那时不像现在有天气预报，这就要求李莲英得有点天文学方面的知识。所谓“鸡鸣早看天”，又所谓“早霞阴，晚霞晴”，“早有瓦片云，中午晒死人”，“月晕而风，础润而雨”，“风三，风三，一刮三天”等，要记很多，而且还要活学活用。

看天气的目的当然是为了使太后过得惬意，不受风吹雨淋日头晒之苦。假如早晨出去的时候，天气还有些凉意，但到了大中午，太阳一照通身燥热，如仅侍候太后穿一件棉衣，而不带夹袄，那老太后定会感到不满。又假如早晨出去的时候是满天朝霞，你若不会看天，中午太后就可能淋雨。这种事情不用多，连着遇上几次就够你喝一壶的了。

除了会看天气以外，据李莲英自己透露，还要随身携带太后喜欢用的，以及可能要用的东西以备急需。除了“余汤药饵器玩服御”以外，西太后晚年颇喜以字、画自娱，因而笔、墨、纸、砚文房四宝也必须随身携带。

因为慈禧最喜欢写“福”字，随时随地都可能写，李莲英就叫人将上等的宣纸裁成一个个斗方，使太后写起来能够得心应手。

曾经有一段时间，慈禧还迷上了写诗。因为慈禧长处宫中，终日所见的无非是四堵高墙，一面天空，还有一些早已熟悉的老面孔，所以她写的只是那种不要求深入生活的馆阁体试帖诗。

据当时宫中流传下来的笔记记载，慈禧分别在同治乙丑会试和同治癸酉考差时以“芦笋生时柳絮飞”、“江南江北青山多”为题作过两首试帖诗。作诗需要燃香以激发灵感，李莲英就事先准备好上等的香烛。

慈禧太后喜欢“斗雀”（玩纸牌），李莲英就随身带着好几副纸牌，随时以应太后之需。

有一次，李莲英随西太后出宫前往奕䜣的恭亲王府，路上恰好路过李本人在宫外的宅邸。

心细如发的李莲英突然发现慈禧太后盯着他家的门楣看了好几眼，而且好像还皱了皱眉。

“这是怎么回事？”李莲英在心里暗想，“难道是因为这个？”

“这个”是什么？

李莲英说的是他的府邸门楣上的四个字：“总管李寓。”

根据皇清祖训，“府”、“邸”、“宅”、“寓”四个字有不同的适用对象。

凡亲王的居所只能称府，如庆亲王府、恭亲王府、醇亲王府。

凡军机大臣、首辅、大学士等高官的居所则称“邸”，不能称“府”。

一般的文武百官的住所则称“宅”或“寓”，但内臣却绝不可在其住所门楣上明目张胆地用上述四个字中的任何一个，即使他们有品级，被皇上或太后赏穿过黄马褂、戴过红顶子也不行。这一点好比宫中女眷，倘若不是从大清门（皇宫正门）抬进来的，即使是贵为皇贵妃，贵为皇太后也终身只能走旁门。这是祖宗的成法，任何人都无权改变。

末代皇弟溥杰曾经专门在一篇文章里讨论过“嫡”和“庶”的区别。他说：“嫡与庶的简单定义，就是明媒正娶被花轿抬来的是‘嫡’；由婢作妻，或未经媒妁作证，未坐花轿进门的都是‘庶’。不但妇女当事者本身，在嫡庶的身份区别下，固定了自己一生的命运，就连她的子女，也由母亲的身份高下，被烙上‘嫡出’或‘庶出’的火印。”

倘若将“嫡”与“庶”的观念推而广之，以之形容当时舆论界对于外官和内官（宦官）的区别，倒也不失为是一种恰当的比喻。

慈禧太后多看了几眼李莲英门楣上的“总管李寓”四个字，大概也是与祖训的传统观念在头脑里作怪有关系——至少李莲英自己是这样认为的。虽然慈禧并没有明说什么，但那意味深长的几眼可能比明说什么还可怕。

到了恭亲王府之后，李莲英突然一反常态，跪下叩了一个头，向西太后请了几个时辰的假。

慈禧太后问也没问就答应了。

几个时辰以后，李莲英气喘吁吁地赶了回来，进了门，一副诚惶诚恐的样子。

“莲英啊，”慈禧太后见状诧异地问，“你怎么了？”

“回太后，奴才该死！”

“到底怎么了？”

“奴才一向在宫里侍候老佛爷，对于家中的事甚少过问。手下人混账，在奴才门楣上妄贴‘总管李寓’四个字，奴才也是刚才随老佛爷出宫才发现的。所以，刚才请了几个时辰的假，赶回家中处理此事。”

“怎么个处理法啊？”慈禧饶有兴趣地问。

“回老佛爷，奴才已经把那些个混账东西抽了一顿鞭子。打完了之后，还准备把他们交到内务府去治罪，以惩戒后来者！”

听李莲英说得情真意切，慈禧太后脸上才开始“多云转晴”。她故作宽怀大度地说：“算了，算了！这不过是他们一时糊涂，你既然已经抽过他们一顿鞭子，教训他们也就行了，何必再把他们交到内务府去呢？”

这件事情过后，慈禧太后对李莲英的宠信又增加了许多。

有人用一首打油诗调侃李莲英道：“千圆百滑出宫中，拍马万事皆亨通。八面玲珑我全占，任尔东南西北风！”

诗虽不工，但却形象地道出了这位清代有名大太监的处世哲学，一是拍马，二是八面玲珑。

公元一九〇八年十月二十日，光绪皇帝突然病重。

光绪的皇后叶赫那拉氏（此人是慈禧的本家侄女），亦即后来的隆裕太后想要去看看丈夫，但却“恐蹈毅皇后覆辙”。毅皇后是同治的皇后，又称孝哲皇后。

这个孝哲皇后不是同治之母慈禧看中的，而是同治亲自挑选的。

因此，自从入门以后，她与慈禧两个就没断了摩擦。

闹到后来，慈禧竟动用起婆母兼国母的权威，不准儿子到皇后那里去过夜。

有一天，孝哲皇后偷偷溜到同治的住处，向丈夫哭诉婆婆又如何因一点小事而责骂她，不巧，被只比她晚到一步的慈禧听到了。于是，慈禧怒气冲冲地闯了进去，一把揪住了儿媳的头发，边骂边打，并且要人预备“家法侍候”（动大刑）。这一折腾，把本来就气血两亏需要静养的同治皇帝给吓个半死，几天以后，就一命归西了。

本来是慈禧自己把儿子给吓死的，可是这位脸皮极厚的恶女人却把罪名一股脑地全部推到了儿媳妇孝哲皇后的身上。她不顾当时儿媳已经怀有身孕这一重要事实，改立他人之子为帝，还屡次三番派人去辱骂孝哲，而且密令断绝她的饮食。

有一天，皇后的亲生父亲承恩公崇绮入宫探视女儿，见女儿“旦夕悲啼，目尽肿”甚感惊异，出宫后即向西太后奏明此事。

慈禧太后吃人不吐骨头地说：“皇后一定是想追随大行皇帝于九泉之下了，倘能如此，还算有良心！”

“经多识广”的崇绮好像是从太后的话中嗅出了点什么。

当时，孝哲皇后的一日三餐都是由娘家提供的。西太后又来逼了，孝哲没有办法，只好写了一张纸条，传出宫去问其父该怎么办。崇绮老泪纵横地回了一张纸条，上面只有四个字：“皇后圣明！”

这话是什么意思呢？

原来，清宫有一个不成文的规矩，凡已故皇帝的后妃，倘其丈夫去世之后，本人失欢于皇太后，服毒自尽者，家属连坐受重罚；但倘若后妃绝食而亡，则可保住自身的名誉和她家的地位。

崇绮写给女儿的纸条，说的就是这个意思。他的意思是：“现在的路只有两条，一条是等着被西太后打入冷宫，或下令赐自尽；还有一条是自杀。这第二条路的途径还有二，一是服毒，此路甚易，亦可以少受痛苦，但既坏了自己的名节，又坑了全家；二是绝食，此路甚难，但此路可以在死后保住自己的名分，而且不会给家里带来什么灾祸。何去何从，家里也不敢做主，因为孝哲首先是同治的皇后，其次才是崇绮的女儿，所以，只能请女儿自己拿主意，这才有“皇后圣明”四个字。

孝哲皇后当了这么多年的皇后，当然知道宫中的这些典故。她一直渴望做个好妻子，但却遇上了一个恶婆婆，既然好媳妇做不成，那就做个好女儿吧。

于是，她开始绝食。十几天过去了，这位同治皇后终于在公元一八七五年二月二十日离开了人世，年仅二十二岁。

反观孝哲皇后的这场悲剧，固然是由于指婚之时就与慈禧失和，但她在同治病危之际前去探视却成了导火线。

隆裕皇后所谓“恐蹈毅皇后覆辙”，顾虑的也就是这个。

这时候，李莲英突然出现了。

说来大家也许不信，隆裕皇后竟然害怕李莲英，但这却是千真万确的。

据宫中太监们的回忆，有一次，隆裕因为犯了一点小小的过失，而且对李莲英派去的小太监有些言语不恭。被李奏明慈禧，慈禧竟命李莲英去代她惩罚隆裕。

因为祖上传下来的规矩规定，皇太后或皇帝派去向皇后、妃嫔们传达口谕的人，当其执行太后或皇帝命令时，“如朕亲临”。所以尽管从名分上说，隆裕是主子，李莲英是奴才，但李莲英领旨前来行刑时，隆裕却只能乖乖地伏在地上受刑。

这一顿打，打得可不轻，足足抽了好几十竹板子。隆裕皇后的屁股都被打肿了，有好多天坐也不敢坐，躺也不敢躺。

但打完了之后，隆裕还要爬起来谢恩，因为这是规矩。

从这顿打以后，隆裕对李莲英是既恨又怕，见了李莲英常常是侧着身子躲着走。

今天正在这举棋不定的时刻，突然见到了李莲英，隆裕能不慌神吗？

越怕鬼，鬼却越是找上门。隆裕皇后不想惹事，所以想悄悄地躲开。

“这不是皇后主子吗？”李莲英今天先打招呼了，而且，语气之中还透着亲切。

“噢，是李公公。”隆裕不能不打招呼了。

“皇后主子这是要到哪儿去啊？”

“我……”隆裕欲言又止。

“听说皇上病了，而且病得很厉害，皇后主子为什么不去看看呢？”

“不知老佛爷是否允许。倘无老佛爷的旨意，擅自前往，恐怕罪将不测。”

“这都是什么时候了，”李莲英故作推心置腹的样子对隆裕说，“皇上说不定哪时就要不讳。皇后主子此时不去探视，过了这个村，恐怕就没有这个店了！”

“这个……”

“皇后主子尽管放心前往，老佛爷那里奴才自有应付，决不会重蹈毅皇后之覆辙！”

有了李莲英这句话，隆裕皇后才得以在丈夫死前与他见了最后一面，并作最后的诀别。

这次见面后不久，光绪病死。慈禧太后也在光绪死去的次日宾天，结束了她“多姿多彩”的一生。

由于李莲英的一力扶持，隆裕皇后“多年的媳妇熬成婆”，受了皇帝丈夫那么多年的冷遇和珍、瑾两妃那么多年的诅咒之后，终于爬上了皇太后的宝座。

饮水不忘掘井人，隆裕皇后成为皇太后之后，对于对她有恩的人都分别作了报答。

李莲英因为有关照过隆裕那么一回事，所以，并没有像许多人所想象的那样丢官丢脑袋，而是荣华依旧，富贵依旧。

据说，因为新扶立的小皇帝溥仪也出自醇亲王府，与刚刚故去的光绪皇帝为嫡亲叔侄，溥仪之父、以议政亲王身份监国的载沣一开始时，曾经动过诛杀李莲英以谢先帝的念头，但此项动议却遭到隆裕太后的坚决反对。

虽然李莲英在“戊戌变法”中扮演了一个并不十分光彩的角色，而且在光绪被囚禁瀛台时，也接二连三地捉弄过光绪，但隆裕太后却不想为难李莲英。她这样做的原因是多方面的，一方面是因为她与光绪虽名为夫妻，实际上关系却并不十分融洽；另一方面是因为李莲英在她最困难的时候扶了她一把。还有一个做得说不得的原因，那就是李莲英向她“报效”了不少“黄白之物”。

据知情者回忆，李莲英曾经“给隆裕皇后贡献珠宝玉器八方盘（三尺宽、四尺五寸长）”。既然是献给有势的皇太后的，那珠宝玉器就不能是寻常之物。八方盘大概值几百万两银子。几百万两银子花出去了，李莲英也就没有因为慈禧太后老佛爷驾崩而倒霉，因为他已经烧了“香”，上了供，自然会有另外的“佛爷”来保护他的。

宣统三年（1911 年），辛亥革命爆发前八个月，李莲英这个一代巨阉终于结束了他大红大紫的一生。

他是被人暗杀身亡的。

有『十一条命』的浪荡国舅

——北齐高祖尔朱贵妃之弟尔朱文略

◎上司一句玩笑话
引发万般哀婉情

◎屠马杀人，盛头肉以进
吹笛唱歌，弄琵琶而亡

东魏孝静帝元善见武定三年（545 年）正月，甲午日，这一天正好是中国历史上传统的节日——元宵节。

元宵节，又称上元节，乃是每年农历新年以后的第一个较大的节日。汉民族和许多兄弟民族都过这个节。

汉民族过此节时的习俗是吃汤圆（一名“元宵”）、看花灯，这是许多人都已经熟知的了。其他少数民族在过此节时则有一些自己的保留节目。

高欢所生活的东魏时代，邺都一带的老百姓流传着一种元宵节习俗——打竹筷。

打竹筷，一名“打竹舞”，又名“打柴舞”。舞时，在地上平行摆放两根竹竿，其上横架六根（或八根、十根……）竹竿；六人（或八人、十人……）分别蹲在两边，双手各持竹竿或竹筷的顶端，按一致的节奏敲击；舞者在竹竿分合的空隙跳跃、转身，做各种舞蹈动作。

这是一项万民同乐的活动，身为宰相的高欢自然也不例外。

就在他收拾停当准备去参加“打竹筷”活动时，忽接手下人的密报，说有三个人将要行刺丞相。

这三个人是开府仪同三司尔朱文畅、开府司马任胄、都督郑仲礼。

半信半疑的高欢下令搜查，当场就从郑仲礼等人的身上搜出了好几种凶器。

在封建时代，以下犯上是十恶不赦的。按惯例是要株连全家，祸灭九族的。

因为宠爱尔朱贵妃的缘故，高欢只是将郑仲礼、任胄等人灭族，对尔朱文畅忍痛杀之，但却饶了另外一个尔朱氏的子弟。

这个被高欢免除一死的尔朱氏子弟名叫尔朱文略，人称有“十一条命”。

一个人的命只能有一条，“十一条命”是怎么回事呢？

有“十一条命”的人是个怎样的人？

上司一句玩笑话 引发万般哀婉情

尔朱文略曾经有过一个声名显赫的家庭。其父尔朱荣乃是北魏时代一个赫赫有名的权臣，当过仅次于北魏皇帝的太原王。北魏孝庄帝就是他一手扶立的。

由于尔朱荣过于飞扬跋扈，孝庄帝对他十分不满，遂与几个心腹一起商定除掉了尔朱荣。

事情发生的那天，尔朱荣只带了几个亲随，而且连兵器都没带，就进了宫门。到了事发地点明光殿以后，那些亲随都被隔在外边，跟随尔朱荣一起进殿的只有他的哥哥尔朱天缪、长子尔朱菩提等四个人。

进殿后，尔朱荣等被引进东廊。刚刚坐定，殿外突然闯进几个人来，他们是光禄少卿鲁安、胶东侯李侃晞等。这些人手里都握着一把明晃晃的大砍刀。尔朱荣见不对头，起身就要往皇帝的御座前奔，想捉住孝庄帝做人质，哪知有所准备的孝庄皇帝早早地就在御座下放了一把宝刀。此时见尔朱荣直奔过来，他忙拔出刀来一阵乱砍。

没有兵刃，也没有一点思想准备的尔朱荣等人，单凭血肉之躯，哪能扛得住这些尖铁利剑，很快就都倒在了血泊之中。

此次宫廷政变，尔朱氏家族共折损了四员大将。偌大的一份基业，转瞬之间就要化为乌有了。

这件事发生在公元五三〇年九月，这一年，尔朱文略只有三岁。

其后，他的一些远房本家如尔朱兆、尔朱世隆虽曾起兵声言为乃父尔朱荣报仇，但或者是雷声大，雨点小；或者是没什么远大的志向，只知冤冤相报，乱杀无辜，所以，不久就被时任晋州刺史的高欢各个击破。

公元五三二年四月，高欢入洛阳，废掉了尔朱氏所立的节闵帝元恭，尔朱氏的命运再一次遭到强有力的挑战。

幸亏尔朱氏出了个“貂蝉”——尔朱文略的姐姐，已故孝庄帝的皇后尔朱英娥。此人虽然够不上沉鱼落雁，闭月羞花，但也确实楚楚动人，后人有诗叹曰：

羊肌弱骨与秋宜，宿酒酣来不自持。
岂为严霜成槁质，要凭初日发妍姿。
燕姬入画犹嫌陋，蜀锦团窠未足奇。
独对芳丛寄幽兴，子高真是遇仙时。

因而，被高欢一眼看中，据为己有。尔朱文略这才在浑然无知中，保住了自己的身家性命和富贵荣华。

尔朱文畅谋反被诛以后，高欢对尔朱文略的宠爱并没有因之而减弱。因为尔朱英娥十分疼爱这个小弟弟，而高欢又十分宠爱尔朱英娥，爱屋及乌，高欢亲自下令，让尔朱文略袭了乃兄尔朱叉罗的梁郡王爵位，并让他接受了当时所能受到的最好的教育。

尔朱文略虽然出生于蛮荒之地，家族又世代为武将，但却天生厌武喜文，而且音乐造诣极高。《北齐书·外戚传》上说他“明俊爽，多所通习”。这个评价是并不过分的。

当时，高府有一个名叫章永兴的乐工，善弹琵琶，亦善度曲。他弹的是胡地琵琶。胡地琵琶虽也有大弦、小弦，但奏出的却多是激扬清峭之音。这种曲子常令听者心荡神惊，潸然泪下，是只适合于听，不适合于记的。尔朱文略在不经意间听了章永兴所弹的十首琵琶曲，竟毫不费力地记下了其中的八首。所谓“世宗尝令章永兴于马上弹胡琵琶，奏十余曲，试使文略写之，遂得其八”（出自《北齐书》）是也。

这种过耳不忘的才能恐怕只有三国时代的周瑜、张松可与之相比。

隋代人贺若弼曾经记载过尔朱文略所记下的那八首胡曲，曲名依次为：《不博金》《不换玉》《峡泛》《越江吟》《孤猿吟》《清夜吟》《叶下闻蝉》——当然这只是见诸野史的说法。这八首曲子究竟是否真的如贺若弼所记，我们尚难下最后的结论，但尔朱文略曾经过耳不忘地记下过八首胡曲，却是见诸正史，千真万确的。

且说那位高家公子高澄（亦即《北齐书》中的世宗）平日里早就听人说起尔朱文略天姿聪颖，他还有些不信。

他们高家有一个很坏的门风，那就是对任何人，甚至对父亲也有一种怀疑态度。高澄嘴上不说，平素心里却总以为尔朱文略不过是沾了乃姊尔朱英娥的光而已。所以，他一直对尔朱文略心存轻视，只是由于当时乃父高欢在位，而且他本人又以招贤纳士、收买人心为要务，这才一直没有把尔朱文略怎么样。

可是今天现场所见的情景却使他头脑中的已有印象受到了猛烈的冲击。“看来，尔朱家的这小子是真有点‘墨水儿’！”高澄暗暗在心里想道。

那些喜欢捧臭脚的人见尔朱文略有这么大的神通，一个个都鼓掌叫起好来。高澄见了，心里犹如打翻了五味瓶——酸、甜、苦、辣、咸，说不清是什么滋味，一瞬之间，电光石火般地闪过许许多多奇怪的念头。

“毕竟我是这里的主人！”高澄心想，“叵耐这些清客们平素里吃我的、拿我的、用我的，现在竟不看看我是怎么想的，就先替尔朱家的那个小子叫起好来！你们为他叫好，老子不反对，不过以后你们可别再来找老子要吃要喝！”思及于此，脑子里又一个声音响了起来：“制怒！制怒！你是要干大事的人，犯不上因为一个臭小子，把所有的人都给得罪了。今天让你心里不是滋味的祸首是尔朱家的那个臭小子，不是那帮清客，你要把主次分清楚！”

这个声音后来居上。高澄清了清嗓子，见大家都在望着他，遂以一副诙谐的表情，酸溜溜地拍了拍尔朱文略的肩膀，然后酸溜溜地对他说：“好样的，真聪明！我听人说聪明的人都活不长，梁郡王你可要小心点啊！”

这句莫测高深的话，一下子把尔朱文略从艺术幻境拉回到了滚滚红尘的现实世界之中。

他是何等聪明的人，怎么会听不出高澄话里隐含着的嫉忌、威胁、恫吓之意？

倘是别人这样说，他或许不会往心里去，或者直接反唇相讥，可是高澄是高家的接班人啊！当时，高家的势力如日中天，他一个小小的破落子弟怎么敢与之相抗，又怎么能与之相抗呢？

思及于此，他恻然地说：“大公子说得有理，我这条命的长与短不在于天，全在明公！”说完拜伏于地。

见“聪明人”给自己服了软，高澄也不为已甚，忙以手相搀，不假思索地说：“此不足虑。”意思是这点你不用担心。

为什么高澄如此肯定地保证尔朱文略不用担心自己的性命？起因正是高祖高欢的一句承诺，也正是这句承诺引出了本文主人公“十一条命”的故事。

屠马杀人，盛头肉以进
吹笛唱歌，弄琵琶而亡

看了上面故事的读者，千万不要为尔朱文略服软的假象所骗。倘若你天真地以为尔朱家的这位幸存者只是个任人宰割的人，那你可就大错特错了。事实上，尔朱文略从本质上来说是个经常宰割别人的人，是石崇式的人物。

为了更好地了解尔朱文略，我们不妨先来说说石崇。

石崇，字季伦，乃是西晋时渤海南皮人氏，曾任过西晋王朝的城阳太守、荆州刺史等官职。为官期间，石崇因纵使官兵劫掠过往客商资财，成为大款巨富。

据史料记载，石崇的财产堆积如山，房屋、建筑宏伟壮丽。他的姬妾数以百计，都穿着垂地的锦绣长裙，插戴着金银珠翠，吃山珍、听仙乐。

当时，西晋当权的是晋武帝司马炎。司马炎的舅舅王恺不甘心让石崇一个人出风头，就与石崇斗富，看谁最阔气。王恺用饴蜜刷锅，石崇就用蜡代柴；王恺用紫丝布做了四十里长的步障，石崇就用五十里长的织锦压倒他；王恺用香椒涂屋，石崇就用赤石脂粉刷墙壁。晋武帝司马炎为了帮助自己的舅舅，特意送他一棵海生的珊瑚树。当王恺拿着此树得意扬扬地向石崇显摆时，石崇拿起一柄铁如意一下子就把那棵海珊瑚给打了个粉碎。王恺正要发作，石崇不在意地叫人将家里的珊瑚树都抬出来。王恺一看竟有许多高达三四尺的，而像自己被打碎的那株高不过二尺这样的就更多了。

晋人裴启的《裴启语林》上说，石崇家阔气得连厕所里都有“十余侍婢侍列，皆丽服藻饰。置甲煎粉、沉香汁之属，无不毕备”——大概相当于今天五星级饭店的水准。

尔朱文略虽然不一定有石崇那么多财产，但他那种与人争阔斗富使气的劲头却一点也不比石崇差。

与尔朱文略斗富的是一个名叫高归彦的人。高归彦，字仁英，乃是高欢的本家弟弟，高澄的叔叔，曾受封为北齐的平秦王。

高归彦的父亲名叫高徽，曾经对高欢有恩。高欢从晋州入洛阳之后，本想好好地报答高徽，不料其时他已经亡故。爱屋及乌，高欢派人找到了高归彦。

高归彦——说来惭愧——只不过是高徽与一个姓王女子的私生子，因为有了一个好父亲便一下子平步青云。本来穷得一文不名的他，在被高欢带着“认祖归宗”以后，一下子变得阔绰起来。《北齐书》上说他“少质朴，后更改节，放纵好声色，朝夕酣歌”。高欢死后，高归彦与高欢的几个儿子成了好朋友。

有一天，一个地方官为了巴结高欢的次子高洋，又苦于找不到直接巴结的门路，遂“曲线”送礼，送了高归彦一匹宝马。

“送我一匹马有什么用？”高归彦眯着一双醉眼说，“要是送我两个美人还差不多，老子最爱的是美人，其次才是宝马。”

“回大王，”那个奉命前来送马的说客鼓动着如簧之舌说，“这可是一匹宝马啊！”

“宝马？”

“对，人们常说，一匹宝马，可以日行千里，实际上这是办不到的。据下官所知，一匹马若能够日行五百里就已经不错了。”

“不要扯得那么远，告诉我这匹马一天能行多少里？”

“七百里。”

“七百里？”

“对，一点没错。”

“好吧，那就收下吧。”

收下了这匹马之后，高归彦当场就命人骑上试验了一次，果然是名不虚传。

自此以后，高归彦就替这匹马取名为“七百里马”，并视其为无价之宝。

尔朱文略屡屡听人说起“七百里马”的种种好处，不由心向往之。无奈他每次向高归彦求借一观，都被婉言谢绝。到了最后，高归彦被尔朱文略弄烦了，呛声说：“借你‘七百里马’也不是不可以，但你拿什么做抵押？”

“我有一婢，有倾国之貌，知道大王雅好女色，拿她做抵押，这总可以吧？”

“好吧，”高归彦大度地说，“今天天色已晚，梁郡王（即尔朱文略）你可以将这匹宝马带回，明天本王到你处取回。”

尔朱文略嘴上应了一声，心里暗道：“叵耐高归彦这厮，本郡王向你借了这么多次，你都死活不借，真是瞧老子不起，以为老子没你有钱是不是？借给老子一次，还只让本郡王把马‘带回’，连‘骑回去’三个字都不肯说。你要老子下不了台，老子也要你难堪！”

这天晚上，回到家里，尔朱文略越想越气，遂做出一件惊人之举。

第二天上午，高归彦早早地来到了尔朱文略的梁郡王府第。他是来讨还他的那匹“七百里马”的。

“噢，不知平秦王驾到，有失远迎，请多恕罪。”尔朱文略皮笑肉不笑地说。

“你我同殿称臣，不必客气。本王此来是为讨回那匹‘七百里马’的。想必昨天梁郡王已经试过，现在就请璧还吧！”

“噢，是要那匹马啊，好说好说。”尔朱文略用一种无赖调高声说道，“来呀，抬上来！”

“抬上来？”高归彦听愣了，他那匹宝马好好的，怎么会是“抬”上来，应该是“牵上来”才对啊！

还没容得他细想，梁郡王府的几名家奴便气喘吁吁地抬上来了一样东西，到了高归彦面前，“砰”地往地上一放。这位平秦王爷定睛一看，气得差点背过气去。原来，是一筐马肉，确切点说，是他那匹宝马“七百里马”的肉。一匹好端端的马，一夜之间就变成了一堆血肉模糊的马肉，这叫高归彦如何不生气？

他刚要开口说点什么，尔朱文略毫不在乎地把手一摆说：“我知道平秦王要说什么。昨天我们曾有约在先，王爷借我以宝马，我以我的美婢做抵押，现在马死了，那个漂亮妞就归王爷了……”

“也好。”高归彦心想，拿一匹马换一个绝色佳人也不错，可是他高兴得太早了。只听尔朱文略拍了一下手，又有两个家丁抬上一个托盘。盘中放着一颗血淋淋的人头，那张脸真个是五官端正，漂亮非凡，可惜已经没有了丰富的表情。

“好啊，你敢戏弄本王，杀马杀人！”高归彦一把揪住了尔朱文略，“咱们见皇上去！”

此时，高欢之子高洋已经代魏自立为帝，是为北齐的显祖文宣帝。

尔朱文略闯下了这件大祸，按理说应该害怕才对，但他却一点也不紧张。

这是为什么呢？

原来，高欢（高洋建立北齐后，追封其父高欢为高祖）在死前曾留下遗言：恕尔朱文略十次不死。《北齐书》载：“高祖遗令恕文略十死。”尔朱文略“恃此益横，多所凌忽”。

这句话有点像后世的“丹书铁券”。在皇权高于王法的封建时代，等于是给本来只有一条命的尔朱文略追加了十条命，正是从这个意义上，我们才说尔朱文略乃是一个有“十一条命”的人。

现在高欢虽然已经不在人世了，但高洋却当了皇帝。二高虽然不是一个人，但毕竟是父子。父亲说过的话，许下的诺言，儿子想必也得遵守，就算杀一个人偿一次命，杀一匹马再偿一次命，还有九次活命的机会呢，所以，尔朱文略并不害怕。

他想，见皇上就见皇上，顶多赔你点钱了事。要想叫老子吃官司，那是白天里头梦周公，痴心妄想！

不料，一接到高归彦的举报，高洋立即就下令将尔朱文略扣押起来，详加审讯。

见皇上竟然把自己扣了起来，尔朱文略心里十分恼火。想要拒不从命吧，那些如狼似虎的羽林军他自忖又对付不了。

既然是出乎意料地进了监狱，尔朱文略遂决定干点出人意料的事情。

北齐时的监狱，学名叫囹圄。因高氏兄弟平日里以折磨人为乐，所以，那监狱造得也有些别出心裁，风格、式样千变万化。重刑犯人都囚在铁笼里——高洋的庶母弟永安简平王高浚就是死在铁笼里的；轻一点的犯人则关在土屋子里；再轻一点的则可以自由走动。

尔朱文略杀人杀马本属重刑，但一来因为他曾是高欢的妻弟；二来是他花了不少钱打点，所以，到了狱中以后，他并没有受多少罪，不但未进铁笼，甚至连土屋都没有进，整天里自由自在地闲逛。

日久天长，闲极无聊，他命人送来了胡琵琶、横笛，整日里不是“欲饮琵琶马上催”就是“横笛倒吹”，把个一片死寂的京畿监狱弄得像座戏院。由于他们家里的管家流水似地把钱往那些牢头狱吏的手里塞，所以那些本来如凶神恶煞的“催命鬼”们硬不起来，这可是件颇不简单的事。熟悉汉代历史的人可不会忘记，西汉初年，那位“左袒入北军”诛诸吕以安刘氏的太尉周亚夫，因被人诬陷而下狱后尚且遭到狱吏的百般羞辱，最后发出“吾昔曾掌管百万大军，却不知狱吏权势之大如斯”的慨叹。吃牢头饭的人向来是六亲不认的，现在，他们“认”尔朱文略，对他的胡闹亦采取“睁一只眼，闭一只眼”的宽容态度。按理说，尔朱文略应该见好就收了。

但他却没有，《北齐书·外戚传》说他除弹琵琶、吹横笛之外，还“谣咏，倦极便卧唱挽歌”——这种胡闹明显地又升了一级。

众所周知，挽歌乃是哀悼死者的歌。《晋书·礼志》记载：“汉魏故事：大丧及大臣之丧，执绋者挽歌，新礼以为挽歌出于汉武帝役人之劳。歌声哀切，遂以为送终之礼。”在古代，挽歌经官方认定的有二：一名《薤露》，以挽王公贵人；一名《蒿里》，以挽士大夫庶人。

不知尔朱文略唱的是《薤露》还是《蒿里》，亦不知他是自挽还是挽人。反正，他的歌声一起，那本来就十分阴毒古怪的牢房一下子又蒙上了一层肃杀凄峭的色彩，而且有了一丝丝的阴气。

有熟悉牢房故事又迷信鬼神的人窃窃私语，说尔朱家的这位浪荡公子可能将要不久于人世了。

他们何以会得出这个结论呢？

原来，就在不久以前，高欢的庶子高浚（此人也是个王爷，曾被封为永安简平王）因为上书劝谏高洋不要“裸呈为乐”，而被高洋投入大狱，并处以极刑。临行刑前，高浚就唱了一曲挽歌，歌毕，他便死于高洋的长矛及刘桃枝的砍刀之下。

尔朱文略本人却没有意识到这一点。见两次胡闹都没有引起足够的重视，他又开始了新一轮的胡闹。

一天傍晚“放风”过后，尔朱文略一反常态，很平易近人地和狱卒聊起天来。聊着聊着，他突然拿起了狱卒的弓箭。那些狱卒以前只见过这位梁郡王吹打弹拉乐器，却从未见过他舞弓弄箭，现在猛地一见，都觉得十分新奇，一个个都拍手击掌地傻笑，整个监狱顿时乱成了一锅粥。

正当大家“狂欢”时，尔朱文略突然搭箭在弓，“嗖”、“嗖”地一阵狂射，当场就射伤了好几个人。

一个姓王的牢头瞅准时机，一把抱住了尔朱文略，劈手夺下了他手中的弓箭。

“我的尔朱公子，”那个王姓牢头又气又不敢恼，悻悻地责问道，“你也太过分了！你说不住铁笼、土屋，我们依了你；你说闲极无聊，想要弄点什么东西解解闷，我们也尽量满足了你。可是你不能把人不当人，拿着我们这帮兄弟的性命开玩笑啊！你，你究竟想干什么？”

“干什么？”尔朱文略用一种满不在乎的口吻说，“不干什么，我只是想让那个昏君知道我的存在，让他尽快地解决我的问题！”

这可真是自作自受。由于那些被弓箭射伤的人的极力呼吁，京畿监狱的头目再也不敢隐瞒尔朱文略的种种胡作非为之事。事情终于被捅到了高洋那里。

高洋一听尔朱文略骂他是昏君，不由得勃然大怒，盛怒之下，乃父“赦尔朱文略十次不死”的话又浮现在脑际。本来就对乃父不满的他咬牙切齿地说："老头子（指高欢）可以饶你，我却一定要杀了你，看是老头子厉害，还是我厉害！"——当然是高洋厉害了！因为他是当权的皇帝嘛！

于是，尔朱文略"遂伏法"，结束了他的"数死一生"。

这位胡闹大王死时还不到三十岁。

被诬而死的英雄国丈

——北齐斛律皇后之父斛律光

◎战必胜，众誉常胜将
箭必中，人称射雕手

◎可耻谣言出自敌口
可叹性命丧在己手

公元五七七年，长期与高洋建立的北齐为敌的北周在其当政皇帝——武帝宇文邕的正确指引下灭掉了北齐。

这一年的正月，宇文邕以一个胜利者的身份，趾高气扬、耀武扬威地来到了北齐的都城邺都（今河北磁县）。

周武帝是一个非常狂妄自大的人，连佛陀菩萨他都敢灭，北齐的那些皇帝、皇后、亲王、文武，在他的眼中几乎都形同猪狗。

可是，这位眼高于顶的皇帝却对北齐的一个已故大臣又敬又畏，礼敬有加。从不服人的宇文邕不止一次地对他的部下夸赞这位已经不在人世的北齐大臣说：“此人若是活着的话，我们根本灭不了齐国！”

能够得到敌人，而且是敌方首脑的由衷赞赏，这位已经故去的北齐大臣可以称得上是个人物了。

"此人"是谁?

他，就是北齐后主的老丈人，后主斛律皇后之父斛律光。

斛律光是战场上所向无敌的英雄，但在官场上却是个失败者，是个悲剧色彩颇浓的悲剧人物。

战必胜，众誉常胜将
箭必中，人称射雕手

要说斛律光，只能先从他的父亲斛律金说起。斛律金，字阿六敦，乃是朔州敕勒部人氏。曾当过北齐的大司马、左丞相，爵封成阳王，对中国古代文学稍有浸淫的朋友，想必还记得这样的一首诗歌：

敕勒川，阴山下。天似穹庐，笼盖四野。天苍苍，野茫茫，风吹草低见牛羊。

据说斛律金就是这首有名的《敕勒歌》的作者。

能在浩如烟海的中国古代文学中占有一席之地，许多人一定会以为斛律金是个舞文弄墨的文人。

事实恰好相反，就像"原来不读书"的刘邦和项羽分别吟有《大风歌》——"大风起兮云飞扬……"、《垓下歌》——"力拔山兮气盖世……"一样，斛律金是个武将，《敕勒歌》不过是随口吟出的至真之情而已。

斛律金不仅是个武将，而且还是一个十分特殊的军事人才。据史书上说，他能"望尘识马步多少，嗅地知军度远近"(《北齐书·斛律金传》)。这在侦察手段还很原始的当时，不能不说是一项十分了不起的本事。

斛律金曾经先后投靠过茹茹（蠕蠕）主阿那环以及破六韩拔陵、尔朱荣等人，最后才投到高欢的帐下。

斛律光是斛律金的长子。他从小就以"善骑射"而知名。

与南朝统治阶级“生儿但教识文字”不同，北朝，尤其是北齐贵族，特别是世代为将之家，生下男孩，往往都是先让其习武的。

斛律光之父是靠武功起家的，所以，他对儿子的弓马本事看得特别重。

斛律光弟兄二人，他还有个弟弟，名叫斛律羡。

这哥俩从小就受乃父的熏陶，以习弓马为荣，以驰马射猎为乐。久而久之，两个人都练就了一身惊人的本领，可谓“仰手接飞猿，俯身探马蹄”，足可想见其当年风采。

说老实话，从表面上看，少年时代的斛律光是远不如乃弟的。每一次出去打猎，乃弟都是满载而归，而他这个当哥哥的猎物却为数寥寥。

但他们的老爸，大将军斛律金却喜欢斛律光，而不喜欢斛律羡。非但不喜欢，而且常常在查点猎物之后，他就命人把斛律羡按倒在地，抽一顿马鞭子，或用竹板子打一顿屁股。

这是怎么一回事呢？难道是斛律金偏心眼吗？有人不解地提出疑问。

斛律金不慌不忙地解释说：“明月（斛律光的小名）每射，必选猎物的要害而射，常常仅用一支箭就可射杀一个猎物；而丰乐（斛律羡的小名）却往往饥不择食，慌不择箭，射一只小小的野兔也要用两三支箭。你们现在可以因为丰乐猎得多而夸他能干，可是到了战场，枪林箭雨，你死我活往往只取决于瞬息之间。你不能一箭置敌人于死地，敌人就会要你的命。从这个意义上说，我宁可要一个明月，也不要十个丰乐！”

在斛律光十七岁那年，北齐高祖皇帝高欢与北周文帝宇文泰战于平凉。所谓高祖、文帝都是后人追封的，高欢和宇文泰生前都没有称帝，他们当时分别是代表东魏和西魏参战的。

交战一开始，高欢所代表的东魏一方处于下风。宇文泰的手下有个叫莫孝晖的长史。此人骁勇异常，屡次率人冲击高欢的中军大帐。东魏军中的数员大将前去应战，都折在了他的手里。

正当全军上下束手无策之际，以随员身份参战的斛律光催马而出，前去对付莫孝晖。

连挑了东魏数员大将的莫孝晖正在那里像《三国演义》中的华雄一样，得意扬扬地耀武扬威呢，忽见对面军中闪出一员小将，遂轻蔑地问，“又来了个送死的，你叫啥名字？”

“我叫‘爷杀……’！”斛律光一边说着，一边拈出一支狼牙箭，引弓在手。

“什么？什么？‘爷杀你’！”

还没等莫孝晖寻思过来，这位“爷杀你”一箭射过来，就真的把“你”——莫孝晖给杀了。

东魏军中欢声雷动，其热烈的程度简直不亚于《三国演义》中所描写的“关公温酒斩华雄”的场面。

十七岁时就这么能干，斛律光不久就靠自己的真实本领受到了高欢的重用。不到二十岁，他就被委以左卫将军、开府仪同三司的重任。

北齐天保三年、七年，斛律光分别以五千兵马连破西魏十万之众。

天保九年、十年又连拔北周的绛川、白马、浍交、翼城等四座城池。其后他每次率兵出战，总是有所斩获，史称“自结发从戎，未尝失律，深为邻敌所慑惮”。

北齐的几个皇帝亲切地称他为常胜将军。斛律光本人却似乎对他自己的另一项才能更为自得。

那项才能是射雕。

那是很早以前的事了，大约发生在射死莫孝晖的前两年。

那一年三月的一天，斛律光陪着高欢的儿子高澄（亦即后来的北齐世宗皇帝）前往洹桥以南行猎。

洹桥，顾名思义在洹水之上。洹水是一条有悠久历史的河流，在今河南省北部，又名安阳河。它源出林县林虑山，东流经安阳市到内黄县北入卫河，在中国春秋时代的典籍《左传》中就有“声伯梦涉洹”的记载。到了战国时代，洹水更曾一度成为秦以外六国的政治中心。那位主张合六国之力以对付强秦的苏秦苏季子，在劝说赵肃侯接受他的政治主张时就说过“令天下之将相，相与会于洹水之上”的话。

到了秦汉时期，洹水流域的政治中心地位，急剧下降。加上战乱连年，到了北魏、北齐时代，这里已成了各种大小动物的乐园。

高澄作为高欢的大公子，闲在邺城没事干，自然是三天两头往这里跑了。

今天的洹桥因为高家大公子的到来，可谓草木俱惊，举凡天上飞的、地上跑的，差不多全都被惊动起来了。

时近中午，随行军士大都有些人困马乏，就在这个时候，天空中突然飘来一朵“乌云”。

高澄定睛一看，突然尖声叫了起来：“鸟！是神鸟！谁能射下来本公子重重有赏！”

有两名亲将挽弓在手，两箭射过去，那只“神鸟”——实际上是一只老雕——安然躲过，从高空俯冲而下，箭一般地直向高澄的头顶扑来。大概是觉得射它的虽然是那两名亲将，但高澄骑在马上，目标最大，应先给予攻击。这一俯冲不要紧，一下子把高澄给吓傻了。

左右的人也吓呆了。就在这时，站在不远处的斛律光挽弓搭箭，弓开如满月，箭去似钢钉，只一箭，就把那只“神鸟”射了下来，那只神鸟——据当时的人们记载——“形如车轮，旋转而下”。落到地上之后，人们“呼啦”一下围了上来，捡起那只“神鸟”一看，那支箭不偏不倚正好射在了鸟的脖子上。

“真是射雕英雄神箭手啊！”高澄的一个名叫邢子高的亲信不失时机地脱口恭维道。许多年以后，在香港武侠小说大师金庸的笔下也出了一个“射雕英雄”郭靖，两者的区别是郭靖只生活在艺术家的虚构想象之中，而斛律光则实实在在地在这个现实的世界存在过。

可耻谣言出自敌口
可叹性命丧在己手

北齐武平三年（572 年）五月，北齐首都邺城，街头巷尾的小儿郎们一个个口里都哼着一首完全相同的儿歌。歌曰：

百升飞上天，明月照长安。高山不推自崩，槲树不扶自竖！

谁也搞不清他们唱的是什么。

几天以后，有人又在这首歌后面加上了两句话："盲眼老公背上下大斧，饶舌老母不得语！"

儿歌没有腿，却传得飞快，转眼间就传到了宫里。

整日里无所事事，闲得发慌的北齐后主皇帝高纬好奇地向身边的贴身侍卫询问："明月照长安，这首歌是怎么回事？"

那个侍卫不敢回答，就推说自己不知。于是高纬命侍卫火速宣召他最宠信的两个心腹进见。

这两个心腹，一个姓陆，名令萱；一个姓祖，名珽。

陆令萱是高纬的乳母，高纬是她一把屎一把尿拉扯大的。她夫家复姓穆提，生有一个儿子，名叫穆提婆。

祖珽是个半大老头，在高纬当政以前，曾遭到"错误关押"，在狱中被弄瞎了一只眼睛，但在高纬当政以后却被"拨乱反正"，大获信任。

这两个人各有一个外号：陆令萱，因其嘴里整天都不闲着，嘀嘀咕咕说个不停，所以落下个"饶舌老母"的"美称"；祖珽，因系一只眼，又是个半大老头，所以人送外号"盲眼老公"。

这两个人都曾与斛律光结下过梁子。

说起他们的结怨经过，那话就长了。

北齐武平二年（571 年）六月，北齐攻陷北周的重镇汾州，又连陷四城，俘北周军将千余人而还。

指挥北齐军队大获全胜的，正是本文的主角斛律光。

此前两个月，北周曾连陷北齐宜阳等九城。斛律光此次以弱势兵力取得辉煌战果，按理说应受到重赏才对，但他却受到了意想不到的"接待"。

在斛律光率部返回邺城的途中，北齐后主连下数道命令，命斛律光将所率兵马就地解散。

“就地解散？”斛律光一听就火了，“这些将士浴血沙场，为国家立下了汗马功劳，多有勋功，现在连句慰问的话都不说，就想把他们全部遣散，这还讲不讲点良心？”一气之下，他下令仍保持原来的速度向邺城进发，一直挺进到距邺城只有八十里路的紫陌才停下来待命。

后主高纬一听斛律光不听他的命令，率军直逼京城，十分恐惧，慌忙派出手下的亲信前往紫陌，连威胁带利诱，好说歹说哄着斛律光遣散了军队。

回朝以后，斛律光被任命为左丞相，进封清河郡公。这两个官衔都是高纬看在他的女儿斛律皇后的面上“赏”给他的。实际上，高纬对斛律光已经开始心存芥蒂了。

被架空了的斛律光一开始时倒没有觉出什么，相反，他还自我感觉良好，有事没事总爱往朝堂里边凑。

有一天早朝以后，斛律光闲来无事，踱到朝堂垂帘而坐，忽见外面有一个人骑着一匹高头大马，旁若无人地急驰而过，不由大为光火，怒声问道：“是哪一个混账东西，敢在朝堂前骑马？见了本丞相还不下马，真是没有王法了！”

旁边的人答道：“是祖珽。”

斛律光当时没有说什么，但心里却对祖珽留下了极坏的印象。

几天以后，又是在宫中的内省办事处，祖珽高声大嗓地讲他的一次艳遇，没提防，又让斛律光给听了去。本就对祖珽心怀成见的斛律光不由得又发了一通火。

这两通“火”一烧，祖珽有点受不住了。为了自保，他不惜重金收买了斛律光的“从奴”（贴身奴婢），以随时了解这位国丈爷的动向。

那位“从奴”是个吃里爬外、唯恐天下不乱的人物，不久前，因与斛律光夫人的丫鬟勾勾搭搭，而被斛律光打过三十马鞭，一直怀恨在心，伺机报复。现在见皇上的心腹向他打听国丈爷，就随口胡编说：“自从相公您参与朝政以来，清河郡公常常在家里抱膝长叹……”

“唔？长叹什么？”

“唶，还是不说了吧！”

“别这样！”祖珽不失时机地将一锭足有二十两重的银子塞到了那个“从奴”的手里，假作不见外地催促道，“咱们谁跟谁呀？难道你还怕我给你往外说？”

“好，”那个“从奴”不客气地掂了掂手里的这锭银子，顺手把它掖到了腰里，也作出一副豁出去的样子，慨然说道，“既然承蒙相公看得起，我就实话说了吧。清河郡公的原话是‘盲人治国，国必破矣’！”

就像鲁迅笔下的阿Q因为头上有癞疮讳忌“秃”、“亮”一样，仅有一只眼睛的祖珽平日里最忌讳的不是别的，就是“盲人”、“瞎子”。现在这位不怀好意的“从奴”当着和尚骂贼秃，叫他如何不恼。当然，他恼的不是“从奴”，他恼的是总找他别扭的国丈爷。

这是斛律光与“盲眼老公”的结怨经过。

那位“饶舌老母”倒没有直接与斛律光发生过冲突，但斛律光却与“饶舌老母”的儿子闹过不愉快。

“饶舌老母”的儿子穆提婆是个爱慕虚荣的花花公子。他自觉虽然深得皇帝的宠信，但毕竟自己的娘亲说来说去仍是个乳母，门第太低，要改变这一处境只有“换血”——与出身高贵门第的女子结婚。

这个设想说起来容易，做起来却很难，因为遍观满朝文武，穆提婆是高了不成，低了不就。选来选去，最后他看中了斛律光的一个女儿。

尽管此女不过是斛律光的一个小妾所生，但这位根本不把穆提婆放在眼里的国丈爷却不买这个账，一点面子也不讲地就给一口回绝了。

不久，又发生了一件事。

北齐后主高纬为了安抚穆提婆，特赐给他“晋阳之田”。这件事本来与斛律光无关，但好管闲事的他又摆出了丞相兼元老的派头出来阻拦。

“这晋阳之田乃是高祖皇帝（即高欢）钦定的牧马之地，”斛律光当着好多朝臣的面大声对后主说，“每年要养好几千匹的战马以备军需。现在突然把它赐给穆提婆，一旦外敌入侵，我们没有充足的战马，岂不会让敌人占尽先机？”

在斛律光的坚决反对之下，后主最终没有把那块肥得流油的向阳宝地赐给穆提婆。

失了夫人又没得到地的穆提婆自此以后也恨死了斛律光。娘亲最听儿子的话，“饶舌老母”遂与祖珽站在一起，结成了“统一战线”。

“统一战线”结成后不久，北周大将韦孝宽为了完成主公宇文邕交代的任务，设计想要除掉斛律光——宇文邕做梦都想灭掉北齐。欲灭北齐，则必先除掉斛律光，这正如几百年以后，金兀术欲灭南宋，必先设计除掉岳飞一样。

斛律光当然不能和岳飞比，但韦孝宽却和金兀术一样地狡猾。

他深谙“三人成虎”、“功高震主”的道理。针对斛律光，他编了两句童谣，就是前面所说的“百升飞上天，明月照长安”以及“高山不推自崩，槲树不扶自竖”。童谣传到北齐首都邺城之后，又被别有用心的祖珽续上了一句：“盲眼老公背上下大斧，饶舌老母不得语。”此句连着韦孝宽“创作”的那几句合在一起，传入宫中，故意让后主高纬听见。

当高纬把陆令萱、祖珽请来询问童谣的含义时，早有准备的盲眼老公和饶舌老母说话了。“斛律家累世大将，”说话的是祖珽，这位老公眼睛虽瞎，但心里雪亮，他深知皇帝最害怕的是什么，“斛律光声震关西，斛律羡威行突厥，‘百升飞上天’，恐怕不是没有所指！”

“是啊！是啊！”陆令萱在旁边敲边鼓道，“斛律家的男人们就不用说了，不仅出将入相，而且还娶公主为妻，就连他们家里的女人也都比别人家的高一等，竟出了两个王妃、一个皇后。照这个势头发展下去，说不定哪天他们家会打定主意坐坐圣上您这把椅子呢！那‘高山不推自崩，槲树不扶自竖’，陛下仔细琢磨一下就会发现其中的奥妙！”

“你们的意思是说斛律光要谋反？”高纬带有几分疑惑地问。

“陛下若是不相信，还可以再问问别人！”

恰好当时有个叫韩长鸾的大臣在场，高纬就向他征询看法。

韩长鸾还算是个比较正派的大臣，他以自己身家性命担保，说童谣只不过是谣言，斛律光决不会有谋反之心。

这事就搁置了下来。

两天以后，拉着架子准备整斛律光的祖、陆二人见没有什么动静，就又去后主皇帝那里“吹风”。耳根子软的高纬又被说动了心，想再找个人问问，接受了上次教训的祖珽不失时机地给高纬推荐了一个名叫何洪珍的人。

“不知陛下是怎么想的？”何洪珍是个很有口才的人，他为后主来了一番推理，“倘若陛下一点也不怀疑，那就罢了。现在的问题是，陛下已经对斛律光心存芥蒂，而且曾向人询问过有关斛律光的反状。俗话说‘没有不透风的墙’，此事万一泄露出去，以斛律家的威望，加上斛律光、斛律羡兄弟的勇猛，定将大大不利于朝廷。先发者制人，后发者制于人，乃千古不易之法则。陛下，当断不断，反受其乱啊！”

“你说得也有道理，可是要怎么下手呢？”高纬像是问何洪珍，又像是问自己道。

见皇上仍在犹豫，祖珽决定再给火上加点“油”。他唆使被他收买的那个人上亲启密奏，首告斛律光的反状。

在这封告密信中，他列举了斛律光的种种“不敬”罪名，尤其是在不久前西征归来，拒不执行后主皇帝要他就地遣散军队的指令，而且还在家里私藏武器，实在是狼子野心，罪大恶极。这个被祖珽收买了的“告密者”在这封告密信中，还诬告斛律光私蓄家僮达数千人之多，经常与斛律羡书信往来，图谋不轨。

看了这封信后，高纬“恍然大悟”。他自作聪明地对何洪珍说：“朕的感觉真是可跟圣贤相比。前些日子我就怀疑斛律光，现在果然得到了验证！”

见皇上终于下定了决心，祖珽马上出了一个主意：用计骗斛律光上朝，然后擒而诛之。

怎么个骗法呢？

祖珽自有主意。

他亲自从御马厩中挑选了一匹骏马，然后，命人以皇帝的名义赏赐给斛律光，并传皇帝的口谕说：“明天，朕将率同文武，前往东山游观，清河郡公可以乘此马一同前往，以壮声势！”

口谕传到之后，按照惯例，受赐者应该到朝堂谢赏。

解律光收拾穿戴起来就要上朝。他最小的儿子斛律钟抱住了他的腿，对他说："爸爸，你不要去！"

斛律光不耐烦地推开了儿子的手，说："去，一边玩去。大人的事，小孩懂什么！"

"不嘛，不嘛！"年方七岁的斛律钟满脸涨红地说，"我不让你去，你去了就回不来了！"——这小孩子大概有一种"第六感觉"，不然怎么能预见到乃父的下场呢。在中国古代史籍中，类似于这样的记载是随处可见的，研究人体特异功能的人想必能从中学到点什么。当然，这是题外话了。

且说斛律光挣脱开小儿子的纠缠，兴致勃勃地来到了朝堂去见后主谢赏。到朝堂以后，何洪珍正在那里等他，说皇上请左丞相到凉风堂相见。

以往每次谢赏都是在朝堂之上，现在突然改在了凉风堂。那凉风堂乃是北齐皇宫中人迹罕至之处，倘若稍微细一点心，多一个心眼，斛律光也定会在心里打上一个问号。

但他却没有。他直到死时都以为他们斛律家世代有功于国，男娶公主，女为皇后、太子妃，与皇上有通家之好，皇上算计谁也不会算计他的。

这位射雕英雄这回可是大大地错了！

凉风堂是个只有两扇门的暖阁。待通报后，斛律光昂然举步就往里走，迈进门没走两步，忽觉脚下一紧，一个踉跄，"通"的一声，被绊倒在地。早已埋伏在那里的刀斧手们一拥而上，将他捆了个"鸭子倒浮水"。盲眼老公祖珽慢慢地踱了出来。他故作惊讶地问："哟，这不是左丞相、清河郡公大人吗？怎么变成这个模样了？"

"祖瞎子，一定是你捣的鬼！快将老子放了，万事皆休。你若是有半点差池，看我不回明万岁，让你吃不了兜着走！"

"丞相大人请息怒！"祖珽恨死了斛律光，尤其是见他被捆了起来仍骂自己为"瞎子"。于是，他阴笑着，用一种猫戏老鼠的冷酷语气，半是嘲弄半是认真地说："小人哪敢有'半点'差池，要有，也是'一点'！丞相大人您也不必去见皇上了，这些，都是陛下要我领人干的！"

"你胡说！"斛律光一面说一面用力挣扎。那祖珽早就料到了这一手，因此，事先就吩咐手下，在捆绑斛律光时，必须使用用水浸过的牛皮绳子。这种绳子捆人不仅结实，而且被捆者越挣扎，那绳子就越往里紧，其原理和现代人使用的狼牙铐有一点相近。

饶是如此，斛律光仍然将捆在手上的三股牛皮绳挣断了两股。祖珽急了，高声喝道："刘桃枝安在？"

"某家来也！"声到人到，幕后钻出一个"巨无霸"。此人足有一丈高，大手、大脚、大脑袋，他就是后主高纬的贴身侍卫刘桃枝。每当要对付难缠的敌手时，高纬总是派刘桃枝出马。有一位史学家称刘是高纬豢养的一个职业杀手。

职业杀手果然出手不凡，他一出来就死死地攥住了斛律光的双臂，然后用上吃奶的劲儿拼命地拉，把斛律光活活地给"劈"了（史称"拉而杀之"——这"拉"是一种十分残忍的杀人方式，有点像远古时代的"车裂"或"五马分尸"）。

可叹百战百胜的射雕英雄，最终没有战死于沙场，却被"自己人"活活杀死。

斛律光死后不几年，北齐亡于原本并非其对手的北周之手。

赌博高手、败坏朝纲的国舅

——唐玄宗贵妃杨玉环之兄杨国忠

◎ 避株连冒充杨氏族人
迷樗蒲输尽叔父遗产

◎ 见风转舵，充当李辅国打手
大显神通，一日干完一季活

◎ 欺上压下，久涝竟说不成灾
百计千方，力阻皇位传太子

唐玄宗天宝十一载（752 年）十一月，在位十九年，权高位显，人称“口蜜腹剑”的大唐帝国宰相李林甫病势垂危，医生严禁外人随意探视。甲辰日，门禁森严的李相国府突然来了一位不速之客。

门子通报了之后，来客竟被破例允许进入李林甫的卧室。

“我就要死了。”李林甫气喘吁吁，上气不接下气地对来客说，“我死了以后，你就能出任宰相了，对不对？”

“啊，这个……”来客一副不知所措的样子。

“相公不必客气，”李林甫挤出一点笑容，一把抓住了来客的手说，“我死了之后请多多关照我的子孙们……”

这位不速之客更加不知所措。尽管心里欣喜万分，表面上他却装出一副诚惶诚恐的神情，很诚恳地答道：“敢不如公所命！”心里却暗暗地骂了一句："老混蛋，早就该死了！这样死法，真是便宜了你！"

这个心口不一，一会儿被称为"相公"，一会儿又被称作"你"的人，是个比李林甫还李林甫的混混。他的名字叫杨国忠，乃是唐玄宗的小舅子、杨贵妃的同族哥哥，也是个吃喝嫖赌无所不为的人。

避株连冒充杨氏族人
迷樗蒲输尽叔父遗产

杨国忠，原名杨钊，他本是一个私生子。《新唐书·外戚传》说他是"张易之之出也"。这是一句较为隐晦的话，里面包含着一段故事。

为了使故事更加明了，我们不妨先来说说张易之。张易之是赫赫有名的女皇武则天的男宠（时称"面首"）。他本是唐朝定州义丰（今河北安国）人，善音乐，由其弟张昌宗（武则天的另一面首，时人称之为"五郎"）推荐给武则天，结果大受宠信，历任控鹤监、奉宸令、麟台令，爵封恒国公，公元七〇五年，在一次宫廷政变中被杀。

杨国忠是张易之与杨玉环的叔伯母私通而生下来的。为了避免受张易之的株连，杨国忠遂由姓张改而姓杨。

大概是由于自身的劣根性吧，杨国忠从小就游手好闲，好吃懒做，文不成、武不就。

天天混日子的杨国忠，别的什么也没有学会，只是学会了一套看风转舵的本事，还有一项一般人不愿或不敢问津的本领——樗蒲。

樗蒲，乃是古代的一种博戏。博具有子，有马，有五木等。玩时，人执六马，用五木掷采；采有十种，以卢、雉、犊、白为贵采，余为杂采，贵采得连掷、打马、过关，杂采则否。唐人李肇所著的《国史补》里有有关樗蒲的详细记载。这种游戏盛行于汉魏，在唐代则专以五木为戏。

杨国忠玩樗蒲的本事可能不是最大的，但他赌起来的胆子却是最大的。

前面我们已经说过，杨国忠的“杨”是假冒的，但由于伪装得好，所以杨姓家族的成员对他倒并无敌意。

唐玄宗开元初年，杨氏家族的重要成员杨贵妃的父亲杨玄琰突然在蜀州病逝。

原本靠他支撑的一大家子人一下子失去了依靠。

就在这个时候，杨国忠“挺身而出”了。他身兼数职：孝子、主持丧礼的人、管家……把杨玄琰这样一个小小的司户参军的丧礼办得排场体面。当然，钱花得却并不多。

丧事办完以后，杨国忠俨然以杨家的男主人自居。其时，正是盛唐时期，所谓“忆昔开元全盛时，小邑犹藏万家室”，杨玄琰在司户参军的位置上捞了不少的钱财。杨国忠以为家族公干为名，携带着治丧过后所遗下的全部钱财来到了成都。

他到成都本是想走走剑南节度使的门路，谋个一官半职，谁料时任节度使的张宥并不赏识他。一气之下，他就来到了赌场。

当时的赌场，除了双陆（握槊）等游戏以外，主要就是樗蒲了。

前面我们已经说过，杨国忠本人虽然技术不行，但却是“雅好”此道的。

在赌场“泡”了两天一夜，杨国忠先赢后输，最后把变卖杨玄琰家产所剩下来的钱全部输光了。

杨家剩下的一大家子，本来是可以靠这笔钱财维持生活的，现在一下子失去了这笔钱财，不由得恨死了杨国忠。

恨归恨，要找杨国忠可不容易，因为此时的杨国忠早已跑得不知去向。

杨国忠这一跑，杨氏家族的成员反应不一，大多数人是恨他，但也有人想他。

谁会想他呢?

说来人们也许难以相信，想他的竟是他的妹妹，杨玉环的姐姐，亦即后来人们通常所说的虢国夫人。

虢国夫人为什么会想杨国忠呢？这种“想念”是一种什么性质的

想念？

倘若笔者说这是一种情人对情人的情思，读者想必会感到“莫名惊诧”，实际情况却确是如此。

《新唐书·外戚传》上有这样一段话：“从父玄琰死蜀州，国忠护视其家，因与妹通，所谓虢国夫人者。”

这段出于严肃的史家之笔的记载，至少告诉我们两个重要的信息：

一是杨国忠兄妹有私情确有其事。

二是交待了他们私通的具体时间，是在杨玄琰客死蜀州之后。

其实，有关杨氏兄妹私通的情况，前人并不讳言。《旧唐书》中说：“唐玄宗每年十月幸华清宫，国忠兄妹五家扈从。每家为一队，着一色衣。五家合队照映如百花之焕发。遗钿坠舄，瑟瑟珠翠，灿烂芳馥于路。而国忠私于虢国，不避雄狐之刺。每入朝，或联镳方驾，不施帷幔。每三朝庆贺，五鼓待漏，静妆盈巷，蜡炬如昼。”其中“国忠私于虢国”说的就是这事儿。杜甫在其《丽人行》中所谓的“杨花雪落覆白苹，青鸟飞去衔红巾”亦是在影射杨氏兄妹的暧昧关系。

见风转舵，充当李辅国打手
大显神通，一日干完一季活

唐玄宗天宝四年（745 年）九月，遥远的蜀地，成都，剑南节度使章仇兼琼（章仇，复姓，兼琼，名）的府邸，权高位显的节度使大人正在与一位远方来客密谈。

远方来客不是别人，正是本文的主角杨国忠。

也许有人会问，杨国忠不是因输光了杨氏的家产，畏罪潜逃了吗？怎么又会突然出现在节度使大人的府邸呢？

的确，杨国忠是因为玩樗蒲而输光了一切，但因为他还有一套见风转舵的本事，所以在逃亡期间，他竟混上了扶风尉这样的一个小官当。

倘若不是因为他怀有向上爬的野心，那么，他满可以在这个正八品的官位上混生活。但他这人却天性不安分，总想往上爬，要往上爬就要寻找得力的靠山。

要找靠山，以杨国忠当时的地位，他眼中的大官莫过于统率一方的节度使大人了。

听说节度使已换了人，由原来的张宥换成了章仇兼琼，杨国忠决定去碰碰运气。

真是“有福不用忙”，杨国忠想去碰运气，运气也想“碰”他。

章仇兼琼，这位新任的剑南节度使大人与当朝宰相李林甫水火不相容，一直想找个人代他入朝去斗斗那位李相国。

找人与宰相作对，这可是件耸人听闻的工作。

唐代的相权虽然远不如两汉大，但宰相也好，相国也罢，毕竟是一人之下，万人之上啊！要与他们作对，除非是皇上或是皇上的亲信。

章仇兼琼不是皇上，也收买不了皇上，但他却可以收买皇上的亲信。其时，杨玉环及其三个姐姐正在玄宗皇帝面前红得发紫，杨国忠又是杨氏家族的男性长子。尽管他与杨玉环等人不是亲兄妹，但却也是当时能找到的最佳人选了。

所以，当杨国忠以一个小小的县尉身份造访求见时，章仇兼琼很快就命人把杨国忠请入客厅，单独接见。

经过一番观察，章仇兼琼发现杨国忠“貌颀峻，口辩给”，正是他想象中的可供差遣之人。于是，他立即表荐杨国忠为节度推官，并在朝廷尚没有正式任命的情况下，就派杨国忠押送蜀地的朝贡赋税去长安。

这一连串的举动令杨国忠十分感动。

更让他感激涕零的是章仇兼琼在他临行前对他说的那番话：“杨钊（杨国忠本名，后因玄宗宠信，赐其名“国忠”）贤弟，此次送贡品去长安，一路上万水千山，风餐露宿，就辛苦你了。到了长安以后，你先将贡品交割，然后可去剑南节度使在京师的办事机构。本官在那里存有一点黄白之物（黄，指黄金，白，指白银），贤弟可以尽数取去，好好地联络一下京城的权贵，尤其是贵妃娘娘，以及虢国、韩国、秦国三位夫人，贤弟愿意花多少银子就花多少！”

殷殷惜别之后，杨国忠晓行夜宿，很快就来到了长安。

顺利地办完交割后，他来到了剑南节度使衙门在京师的办事机构，拿出章仇兼琼的手谕。办事机构的负责人可能也接到了章仇兼琼的指示，很爽快地交给了杨国忠一大笔金银。

钱一到手，杨国忠立即置办了几身行头。然后，他将钱财分成四份，分别送给杨玉环姐妹四人。其中，虢国夫人那份，由他本人亲自送去。

杨国忠来得正是时候。俗话说“女子重前夫，久别胜新婚”，杨国忠与虢国夫人虽无夫妻之名，却已有夫妻之实。而且，这个时候虢国夫人刚刚死了丈夫，恰如一堆干柴，而杨国忠本非什么正人君子，加上欲走“女人路线”，所以一见面，二人就含泪相拥，也不管当时还有没有下人们在场，就“轻解罗裙，缓褪玉带，同入罗帷”了。

拿了人家的手软，杨氏姊妹既然收了章仇兼琼打发杨国忠送来的那么多银子，自然就得替他们说好话了。

很快，章仇兼琼入京成为户部尚书兼御史大夫。官卑职小的杨国忠也成了玄宗皇帝钦选的京官。他先由金吾兵曹参军干起，然后干过闲厩判官，又累迁到监察御史、度支员外郎、给事中、御史中丞等高位。

这些官位可都有实权，堪称肥缺。

杨国忠为什么升迁得这么快呢？除了自己靠裙带关系往上爬以外，与李林甫对他的“栽培”是分不开的。有人也许会问，杨国忠本来是章仇兼琼资助来京与李林甫“窝里斗”的，他为什么反倒会被李栽培呢？

说来说去，还是因为他被人当成了一张“牌”，谁都想捞到他增加自己的砝码，从而打击对方，但又都并不从心里对他予以主观认同。

李林甫打杨国忠这张牌是为了对付玄宗皇帝的太子李亨。

谈到李林甫这个人，很多人可能只知道他很坏，但具体坏过谁，恐怕鲜有人知。

玄宗皇帝李隆基在位四十四年，先后换过四任太子。前三任太子都死在了李林甫的手里，第四任太子忠王李亨也差一点死在他的手里。为了简明起见，我们就从李林甫算计李亨说起。

且说害死了三位太子以后，李林甫原本想要扶立寿王李瑁（就是杨玉环的前夫）为太子，但玄宗皇帝却不同意（这位老皇帝可以接纳儿媳妇为妻，却绝不可能立寿王为帝，这是意料之中的事），李林甫自然是拗不过皇上的。在这种情况下，李亨就成了皇位的法定继承人。

第一个回合失败了的李林甫不甘心再次失败，于是，开始陷害新任太子。

太子妃韦氏有个哥哥名叫韦坚。李林甫为了达到打击李亨的目的，故意先委韦坚以高官要职，然后，命人诬告韦坚想要图谋不轨，“将覆其家，以摇东宫”。

这个诬告韦坚并将其下狱施以酷刑的人就是杨国忠。

多亏李亨是个理智型的人物，一见将要牵涉到自己，即痛下决心，与韦氏离婚，以表明自己与韦坚毫无联系。

见一计不成，李林甫又与人合谋，再生毒计。他派人收买太子良娣（太子侍妾）杜氏的妹夫柳勣，让他诬告杜氏的父亲杜有邻与河西节度使王忠嗣一起图谋扶立太子为帝，逼玄宗皇帝退位。此事因玄宗皇帝不为所动，也没有成功。

这个与李林甫合谋并充当李林甫打手的人还是杨国忠。

由于见风转舵，左右逢源，杨国忠一下子成了人见人爱的大红人——玄宗皇帝因为他是贵妃的哥哥，不能不对他另眼有加；李林甫因为他是陷害太子李亨的急先锋，对他格外重视；像章仇兼琼这样的方面大员、封疆大吏因为要依他为奥援，所以也拼命巴结。

不过数年之间，杨国忠终于爬上了一人之下、万人之上的高位，取李林甫而代之，成为大唐王朝的宰相。

唐朝宰相的一项最重要的工作，就是主持吏部的铨选。用今天的话说，就是负责对全国中级以上官员的考核。

由于此项工作涉及面广，工作量大，每年的铨选工作常常要从春到夏花去整整一个季度的时间才能完成。

杨国忠为了显示自己与众不同，上任之后，集中了一大批人日以继夜地在自己家里忙活了好长一段时间，预定其员。然后，他又“集百官尚书省注唱，一日毕”——仅仅花了一天的时间就完成了别人需要做一个季度的工作——当然，做得稀里糊涂，驴唇不对马嘴那是意料之中的了！

欺上压下，久涝竟说不成灾
百计千方，力阻皇位传太子

据《新唐书·奸臣传》记载，口蜜腹剑的李林甫为了达到他一个人独占皇帝宠信的目的，曾经不止一次地对手下的人说：“诸君不知是否见过每次朝会时的仪仗马和仪仗象，它们虽然只是扁毛畜生，但却能享受到许多人都享受不到的待遇，甚至就连它们所吃的草料都有品级，能享受到三品以上的草料。这里面的原因是什么呢？”

见众人若有所思的样子，李林甫自问自答地说：“道理其实很简单。因为它们躬逢圣世，而且都不喜‘多言’，不该叫的时候绝对不叫！”说到这里，李林甫把话一顿，话锋一转，说：“倘若它们像乌鸦似的，整日里不干别的，就知道叨叨的话，那么，老夫敢担保，它们不但享受不到三品的草料，恐怕还要被逐出朝班，失去参与朝会的机会！”

这番话，表面上听起来是说马的，实际上却是在说人。他是想警告手下人安分守己，不要舌大于口，整天就知嘀嘀咕咕。

作为李林甫的继承人，杨国忠全面继承了“老师”的“光荣传统”，并且将其发扬光大。

唐玄宗天宝十二载（753 年）七月，扶风一带下起了连阴大雨。这场雨足足下了一个月，数万亩农田变成了水乡泽国。

久已不预闻政事的玄宗皇帝李隆基都听闻了扶风久雨不晴的情况。他命人找来了杨国忠，向他询问道：“听说扶风一带最近一段时期下了几场大雨，不知此事是否属实？又听人说久雨成灾，当地的农田已经被淹了不少，这事不知是否也是真的？”

"回陛下的话，"杨国忠是个十分乖巧的人，他很懂得怎样说谎，别人才能真的相信，"扶风那里的确下了好几场雨。但据微臣所知，那雨并没有造成什么灾害。扶风一带今年的收成估计不会受到什么影响！"

"唔？"

"陛下倘若不信，微臣有实物为证。"

"实物？什么实物？"

早就有所准备的杨国忠不慌不忙地从袍袖中摸出一个纸包，小心翼翼地打开，双手捧着呈给了李隆基。

玄宗皇帝接过来打开一看，原来是一株长得绿油油的庄稼苗。也不知用了什么法子取来的，庄稼苗的根部还带着土呢！

"这是哪里来的？"

"回陛下，这是扶风太守刚刚派人送来的。据来人说，整个扶风一郡，庄稼苗长势都很喜人。因此，微臣才敢对陛下保证并无久雨成灾之事！"说完，杨国忠透着一副得意的神情。

说来也真巧，就在杨国忠在这里胡吹乱编蒙骗玄宗之时，扶风太守房琯真的派人进京来了，不过他是来报告灾情的。

据房琯派来的使者介绍，整个扶风一郡，十成农田有九成受灾，请求朝廷速开义仓赈济。

"你说的可是真的？"负责听取地方官汇报的左丞相陈希烈问。

"这里有房太守亲笔所写的表章，丞相大人不妨仔细看看！"

陈希烈心想："过什么目，不用过目我也知道你说的是真的。可是要是说你们的奏章是真的，右相杨国忠的奏对就成假的了。"

惹谁都好，陈希烈就是不敢惹杨国忠。于是，他急忙带着那份奏章去见杨国忠。

一见有人揭自己的老底，杨国忠大怒，但他表面上却不动声色，淡然地把那份奏章放到一边，说了声谢谢，就把陈希烈给打发走了。

几天以后，杨国忠授意他手下豢养的一个御史，上书言事，称扶风太守房琯为政不明，言事不清，应予罚俸三年。此书一上，杨国忠立即准其所请。

这个房琯，就是唐代大诗人杜甫极力推崇的那个人，在当时的士林中享有极高的声誉。连他都败于杨国忠之手，还有谁再敢与杨相国作对呢？

唐玄宗天宝十四载（755 年）十一月，早已阴蓄异志的安禄山反于范阳。其时承平日久，百姓累世不识兵革。河北州县，望风披靡，守令或降或逃，无人敢与安禄山对抗。

消息传到长安，玄宗皇帝大惊失色，但他毕竟不是自幼生长于妇人宫女之手的太平天子，当年以数十骑发动宫廷政变，诛杀韦皇后的遗风还在。在李隆基看来，安禄山虽然气势汹汹，但也不过是裹胁一群乌合之众的小人而已，当年自己连“天下第一夫人”和“天下第一皇女”都打败了，一个安禄山有什么了不起。

思及于此，他动了“自将而东，使皇太子监国”的念头，要亲自统领军队迎战安禄山，而禅位于太子。

这一天，玄宗皇帝在朝会之后，破例地没有留杨国忠商议朝政，而是将负责宫廷禁卫的右龙武大将军陈玄礼找来，与他密谈了很久。

杨国忠收买的小太监在外面偷听，因为站得较远，只听到了“太子监国”四个字，赶紧去向杨国忠汇报。

杨国忠听了，目瞪口呆。因为他与李林甫一起，干了许多与太子李亨为难的事，玄宗皇帝当政，这还算不了什么，但一旦太子监国，那可就不好办了。

当机立断，杨国忠立即去找虢国夫人，让她赶紧入宫，与杨玉环一起面见皇帝，阻止禅位。

玄宗皇帝却很坚决，怎么也不肯收回成命。

一直在宫外等消息的杨国忠透过宫女，递了一张纸条给杨氏姊妹，纸条上写着：“以死相劝，不然，吾家族休矣！”

在生死的关头，杨氏姐妹站在了杨国忠一边。她们“以死相邀”，玄宗皇帝“英雄难过美人关”，最后终于打消了传位于太子的念头。

几个月以后的公元七五六年五月，潼关失守，京师大骇。玄宗皇帝带着杨国忠兄妹四人，还有一小部分文武官员仓皇出逃，随行军将正是那位禁军总管右龙武大将军陈玄礼。

行至陕西兴平西的马嵬驿时，太子李亨串通陈玄礼，声言杨国忠欲反，将其斩杀。

这位樗蒲高手，“掷骰子”时终于碰上了比他“点多”的，结束了他短暂的一生。

常生吃人肉的国舅

——宋太祖孝明皇后之弟王继勋

◎ 生时有异状 长大没官样

◎ 部下多光棍 奴婢少全肤

◎ 四年吃掉百余人 一朝弃世万民乐

公元九七七年，刚刚登上皇位不久的北宋第二位皇帝宋太宗赵光义在便殿单独召见户部员外郎、知杂事雷德骧。太宗皇帝一脸庄严肃穆地委派这位雷知事去完成一件特殊使命：调查一个人的种种不法行为。

被调查者姓王，名继勋，是个赫赫有名的人物。

说王继勋赫赫有名，倒不是说他有什么文治武功，而实在是因为他是北宋开国皇帝太祖赵匡胤的小舅子，太祖孝明皇后的亲弟弟。用今天的话说，是一位国舅爷。

太宗赵光义是太祖赵匡胤的弟弟。弟弟怎么会在亲哥哥刚刚死去、尸骨未寒的情况下整治哥哥的小舅子呢？

说来谁也不会相信，这位国舅爷有个很骇人的嗜好——生吃人肉。

生时有异状 长大没官样

公元九五四年十月，后汉彰德军节度使王饶的府邸，全府沉浸在一片紧张不安之中。

王饶的妻子十月怀胎，而今应该一朝分娩了，但却无论如何也生不下来。

一向并不信佛的王饶很爱自己的老婆。见老婆痛苦万分的样子，他心中十分着急，不由得暗暗对天祷告，又去佛堂祈求，祈祷神佛保佑他的妻子能够顺产。

不知是王饶的诚心感动了神佛，还是长时间的剧烈活动使然，或胎儿已经到了瓜熟蒂落的时候，反正，到了甲子日的凌晨，随着一声嘹亮的婴啼声，一个小生命终于来到了人世。

这个小生命就是本文的主角王继勋。

处于极度疲劳中的王夫人用尽了全身的气力，产子时竟出现了一种幻觉。恍恍惚惚之中，她觉得产房里来了一个人，此人“赤发，状貌怪异”。更让王夫人隐隐不安的是她“见一人，赤发，状貌怪异入室中”的同时，竟产下了原来怎么也生不出来的儿子。

古人是十分迷信的。一个人命运的吉凶，长大之后的作为，往往——至少古人是这样认为——和他出生时的种种迹象联系在一起。

“不知此见主凶还是主吉？”王夫人躺在床上心里暗想。

周围的丫环、侍女们哪里知道女主人的这些心事，她们一面去向正在前厅等待的节度使老爷禀报夫人喜得贵子的消息，一面把小公子抱来给王夫人看。

王夫人此时真是既怕看又想看。看了一眼，她的心里就有些释然了。

自己身上掉下来的“这块肉”，虽然连眼睛都还没完全睁开，但却方面大耳，一脸的福相。

“就凭这个长相，”王夫人庆幸地想，“我这个儿子将来也是个有福之人，决不会像那个赤发鬼！”

这个结论下得可是有点太早了。

周世宗显德五年（958 年），时任后周殿前都点检的赵匡胤娶了王继勋的姐姐为继室（填房）。两年以后，陈桥一场兵变，赵匡胤黄袍加身，点检做了天子。

年方十三岁的王继勋弟以姐贵，成了名副其实的国舅爷。

这时候的王继勋，出落得真是一表人才：两道剑眉，一双虎目，一身剪裁得体的衣服，给人一种雍容华贵的感觉。倘若不和他交谈，任谁也不会发现他是个“中看不中用”的银样镴枪头。

赵匡胤这个当姐夫的，虽然贵为皇帝，但对自己的小舅子还是满照顾的。

登基后的第二年，他就把不到十五岁的王继勋弄到京师，担任内殿供奉官。几年以后，他又把王继勋外放，去当溪州刺史。然后，王继勋加领恩州团练使，接着又登上了龙捷右厢都指挥使，领永州防御使的高位，成为独当一面的封疆大吏。

说来好笑，这位统领一方的团练使大人竟是个只知意气用事的“顽童”：

宋太祖乾德二年（964 年），割据一方的西蜀后主孟昶派手下人孙遇、赵彦韬等人假道北宋首都汴京，前往与北宋王朝为敌的钧州，欲远交近攻，勾结钧州之主刘钧对北宋进行犄角形包围。

这个计划听起来颇有点战国时代合纵连横的味道，实际上不过是痴人说梦而已。

因为北宋的实力不知要超过当年的秦国多少倍，而孟昶治下的西蜀和刘钧治下的钧州都远逊于当年的齐、楚、燕、赵、魏、韩。

作为使者之一的赵彦韬是个善于见风转舵的人，一到北宋都城，就把孟昶写给刘钧的那封蜡丸书原封不动地交给了赵匡胤。

一向主张“卧榻之侧，岂容他人安睡”的太祖皇帝见了这封信，喜出望外，高兴得连声说：“这下子师出有名了！”

然后，太祖皇帝立即开始调兵遣将。其时正以“接收大员”的身份在原楚地彭州任防御使的王继勋被姐夫召回京师，参与伐蜀之师大阅兵的准备工作。

负责大阅兵准备工作的除了王继勋以外，还有一个人。此人姓马名仁瑀，一向与王继勋不睦。

王继勋见马仁瑀居然与自己平起平坐，不由怒从心头起，竟欲仿效市井小儿的所作所为——他下令手下人去买几百根大白木棍子，想要与马仁瑀及其手下来一场群殴。

此事很快为太祖所知，一向不苟言笑的太祖皇帝也忍不住被自己的小舅子给逗乐了。

这种顽童才有的行为，王继勋也能做得出来！没办法，看在王皇后的面上，赵匡胤只好采取息事宁人的态度，将马仁瑀调往密州，而让王继勋一个人独当一面。

官职可以由皇上“说你行，你就行，不行也行”随意任命，但若是做不好，或自己不能胜任，那还是要闹出笑话的。独当一面以后，王继勋便闹出了不少笑话。

部下多光棍
奴婢少全肤

北宋乾德四年（966 年），太祖在基本上平定了江南以后，又准备对付其他割据势力。为了壮大队伍，他亲自下令，防御使以上的武官可以自行招募一支队伍，最后汇总到京师由他本人点检，合格者即可开赴前线，成为吃皇粮的官军。

王继勋干别的不行，招兵买马倒很在行。不到十天的功夫，他就招募了一支近千人的队伍。

这支队伍人员构成十分复杂，除了一部分是破产的农民以外，还有许多市井无赖以及前朝的散兵游勇，甚至还有小股的土匪。

当王继勋得意扬扬地把他们带到姐夫面前时，太祖皇帝一眼就发现这是一支乌合之众。

“怎么弄了这种人来？”太祖皇帝有些不满地问。

“这些人有什么不好？”王继勋一点也不明白地答，“他们都很年轻，一个个血气方刚，打起仗来保准一个顶俩。”

“这一点我并不怀疑。”太祖皇帝话锋一转问道，“只是不知你想过没有，他们都是有七情六欲的男人，现在又都到了婚娶的年龄，马上又要上前线过刀头上舔血的生活，这个时候你有办法保证他们不滋生事端吗？”

“这有什么难的，”王继勋不在意地说了句粗话，“给他们多找几个妞不就成了！”

“你啊，”太祖皇帝恨铁不成钢地用手一点王继勋的脑袋，用命令的口吻说，“我帮你出个主意，你对那些想要老婆的人，不妨采用‘酒炙’的办法！”

他们这里正说着，突然宫里说有急事，请皇上赶紧回去。

太祖皇帝没有来得及对王继勋解释何谓“酒炙”，王继勋也百思不得其解。

他自言自语道：“酒炙？什么酒炙！我看那些光棍汉想老婆的病只有女人才能治！”

于是，“纵令（士兵）掠人子女，京城为之纷扰”——竟让手下的那些“王老五”们公然强抢民女，把个京城弄得人心惶惶。

太祖皇帝接到报告后勃然大怒。他立即派出一队御林军，将那些仍在那里为非作歹的王继勋的手下团团包围起来，并当场斩杀了一百多个，这才使汴京的形势安定下来。

有言官于是上了一本，说作恶者虽然是那些士兵，但追本溯源首恶却是王继勋，应当惩办元凶，才能最终平复京城百姓的不满情绪。

太祖皇帝其实也与那言官有同样的心理，他何尝不想把王继勋绳之以法呢？可是其时王继勋的姐姐孝明王皇后刚刚病逝，王皇后生前对太祖皇帝的母亲杜太后十分恭谨。太祖皇帝是个标准的孝子，他感激妻子代他在娘亲面前所尽的孝道，爱屋及乌，遂不忍心对王继勋下手。王继勋又逃过了一关。

太祖乾德四年（966 年）六月，天上连降大雨。汴京虽然地处长江以北，并无“梅雨”之说，但这次降雨时间之长，雨量之大，却为当时所罕见。

下着下着，坐落于汴京城里贵族区的王继勋府第出事了。

王继勋不是正以国舅爷的身份充任湖南彭州防御使吗？为什么不住在彭州呢？

这原来和北宋开国之初的治国之术有关。

大家都知道有个“杯酒释兵权”的故事。这个故事说的是：陈桥兵变，黄袍加身之后，太祖皇帝担心他那些昔日的伙伴、今日的臣子们也步他的后尘，于是就把那些正担任各镇节度使的“哥们”召集在一起喝酒，在酒桌上说服他们交出了手中的兵权。

太祖皇帝说服这些人时所用的最大诱惑是“人生短暂，不如及时享乐，倘若交出兵权，则可以在京城建豪华宅邸，一应费用，全由国家负责”。王继勋就是沾了这个命令的光，由国家给他掏钱，也造了一座防御使府第。也许是造得过于匆忙吧，王继勋的这所大宅子屋子里倒是蛮漂亮的，就是外面的院墙不怎么结实。

偏偏这些天又连降大雨，于是，就出事了。这天中午，正坐在大堂之上喝酒的王继勋忽听外面“轰隆隆”传来一阵巨响。

“怎么回事？”他高声问旁边的亲随。

那位亲随不大一会儿就急火火地跑回来报告说是府邸的围墙倒了，府里的一批奴婢跑了。

“什么‘倒了’‘跑了’的？”已有几分醉意的王继勋含含糊糊地问。

“回大人，”那亲随气急败坏地说，“是府里的围墙倒了，奴婢跑了！”

“我当有什么大不了的事呢，”王继勋又喝了一口酒，不在意地说，

“围墙倒了可以再修嘛。那些奴才跑了就跑了，老子再去买批新的来，反正是旧的不去，新的不来！”

“恐怕没有这么简单吧！”那位亲随听了暗暗在心里反驳道。

这位亲随为什么会这么想呢？

这与王继勋平时的所作所为有关。

原来，王继勋其人生性残忍，从很小的时候起就以残害家里饲养的小动物为乐。

据说，在四岁那年，他就把家里一只又瘦又小的猫绑了起来，残忍地杀死，杀死之后又将其吊在树上。他的这一恶作剧当时就遭到其姐孝明皇后的斥责，但王继勋却对姐姐的批评浑不在意。

随着年龄的增长，王继勋的这种“个人爱好”不但没有改变，反倒变本加厉，花样翻新起来。

此时的他，光残害小动物已引不起多大的兴趣，于是，他把施暴的对象由小动物改为人，具体说就是他手下的士兵，尤其是他家里的奴婢。《宋史·外戚传》上说他“专以脔割奴婢为乐”，此话可并非虚指。

“脔”字其意为“切成块的肉”，本处用作副词。“脔割”就是把人身上的肉割成一块一块的，亦即一块一块地往下割人身上的肉。

人不同于其他动物，平时身体不小心割个口子都会觉得很不舒服，更何况被人用刀子一块一块地往下割肉！

那些奴婢们一开始时还谨言慎行，以为只要不触怒王继勋，这位国舅爷的刀子就不会落到自己的头上，谁料以后的事实证明，国舅爷根本就是随心所欲，压根不管他们是不是有过失。只要他高兴，随时随地都有可能把人当成猪狗一样来宰割。

以前读金庸的《倚天屠龙记》，见书中的主角之一——韦一笑以喝人血为乐，当时还以为不过是小说家者言，不足为训。现在反观王继勋的所作所为，觉得韦一笑这类的恶人还真不是向隅虚构的。王继勋这些见诸正史的荒唐举动与韦一笑相比，并无丝毫逊色。

也许有人要问，王继勋的这些恶行，难道外人就不知道？抑或外人知道了也不管吗？

这个问题问得好。

王继勋本来是住在永州的。永州那个地方，虽然有皇帝亲自任命的知州，但因为他是防御使，又是皇帝的小舅子，所以，有关他虐待奴婢的事，地方官员虽然早有耳闻，但因没有触犯到自己的利益，他们又抱着多一事不如少一事的想法，谁都不愿意在这个“太岁”头上动土。

到了汴京以后，王继勋对家中的奴仆控制得极严：女性奴婢无事不准出二门；男性奴仆除非有事经批准，否则不准跨出大门一步。他府中的一应柴米油盐的采买，他都交由手下的“部曲”（士兵）去办。因此，关起门来施暴，除了他自己和受害者以外，鲜少有人知道。

当时正是北宋初年，五代十国时武人狎妓饮酒之风仍很盛行，不知道的人还以为王继勋是“金屋藏娇”，怜香惜玉呢，谁也没有想到他是这样的一个人。

日久生懈，王继勋慢慢地也不把虐待奴婢当成一回事了。所以，听了亲随关于奴仆逃跑的禀报，他一点也没放在心上。

但这次他却错了。

因为这些奴婢是跑出去告御状的。

北宋时对文武百官进行监察弹劾的机构是俗称“乌台”的御史台，赫赫有名的大文人苏东坡在出任太守一类的官职时，就遭到过御史何正臣等人的弹劾，史称“乌台诗案”。

这些“乌鸦”们（时人对监察御史的称呼）都是“铁嘴钢牙”的“冷面神”，被人称为“黑脸包公”的包拯就做过监察御史。因此，宋代的“告御状”往往就是去向监察御史们申诉，这些当然是在北宋中后期才完备起来的。在王继勋生活的那个时候，武将们还很跋扈，御史们还不可能代皇帝施行监督之权。

因此，那些逃跑出来的奴婢还不可能去御史台，事实上他们也不知道有御史台这一机构。他们的目标是皇宫。在封建期，任何朝代，京师里边最显眼的地方恐怕就是皇宫了。

北宋的皇宫，由于种种原因，其规模远远不如我们今天所见到的明、清两代的皇宫紫禁城，这大概和北宋当时的国力有一定的关系。

饶是如此，皇帝所居之所，也远非一般的王侯将相的府邸可比。

且不说三宫六院后妃们居住的地方，单是皇帝召见群臣、举行朝会的地方，就已经令当时的人咂舌了。

所以王继勋家的那些家奴们没怎么费力就找到了皇宫。

说来也真巧，这一天恰好逢五，太祖皇帝正在长春殿召见群臣。

站在殿门之外的是尚书以下的文官和上将军以下的武官。殿内叉手而立的有台官、大夫、中丞、三院御史，还有一员沟通殿门内外的通事舍人。

这一天君臣们讨论的是统一全国的方略，具体说是南攻还是北进的问题。

因为兹事体大，所以，讨论了一上午也没有得出个一致的结论。

正在吵得不可开交的时候，殿门外忽然传来一阵喧哗。殿头官急忙用眼睛暗示通事舍人前去察看。此时，站在殿外的文武官员们已经很清楚地听到是有人高声喊冤。他们听到了，殿里的人也听到了。

太祖皇帝是武将出身，听觉何其灵敏，他自然也听到了。

所以，不待通事舍人回奏，他就命令三院御史立即前去将喊冤之人直接带上来，他要亲自询问。

这可是个不寻常之举，因为从古至今，好像从来没有皇帝在朝会之时受理诉讼的。

不大一会儿的工夫，三院御史带进两个人来。

“这也叫人吗？”——与会的文臣虽说都见多识广，那些武将们也差不多都是死过几回的人了，但他们见了眼前的这两个“人”，却不由都有些“恶心”：只见前面的那个人只有左腮没有右腮；后面那人右眼没了，成了一个黑洞。待他俩走近了一看，众人不由得倒抽一口冷气，不光是腮帮子和眼睛，这两个“人”身上凡有肉的地方都有被人切割过的疤痕。

“谁这么残忍，简直是禽兽！”一位正直的大臣愤然开口骂道。

这在朝会之中是很失礼的行为，因为有皇帝在场，按常规是不允许臣子们先开口说话的。

但太祖皇帝却没有怪罪这个大臣，因为他也有同感。

“你们是从哪里来的？有什么冤屈？是谁把你们弄成这个样子的？”太祖皇帝一口气提了三个问题。

“陛下问你们话，你们还不赶快回答！”当值的殿头官高声喝道。

“不要吓着他们，”太祖皇帝把手一摆，说，“让他们慢慢说。”

“我们是彭州防御使的家奴，身上的这些都是防御使用刀子给脔割的。求皇上替我们做主！”

“什么？你们是王继勋家的？”太祖皇帝大吃一惊(《宋史·外戚传》提到此事时用的是“上(皇上)大骇”这样的字眼)，“我要派人去调查！我一定派人去调查！”

太祖皇帝果然不愧是言而有信的开国之主，散朝以后，立“命中使就诘之”——派贴身近侍以特使的身份前往王继勋的府第进行调查。

一向骄横惯了的王继勋根本就没把太祖皇帝派来的使者放在眼里。

在他看来，他的姐姐贵为天下之母，他本人也应贵为“天下之舅”，除了皇帝可以对他进行查询以外，其他任何人，包括皇帝派来的钦差在内，都无权对他进行调查或审讯。

说句老实话，那个中使一开始时并没有想要为难王继勋，一来孝明王皇后在世时御下并不很严；二来官官相护，哪有不向着官而向着老百姓，甚至向着连老百姓还不如的奴婢的道理呢？

但这王继勋却太不“明智”！他平日里去狎妓饮酒可以一掷千金，但对于宫中派来的中使大人却一毛不拔，而且态度极其傲慢。

这真是“天作不如人作”。其时，孝明皇后已经去世，宫中已是孝章皇后做主了，王继勋却还摆他国舅爷的臭架子，这能不招人烦吗？

那位中使大人以眼还眼，将王继勋的奴婢们召集在一起，让他们一个一个地揭露王继勋的种种横行不法之事，签字画押之后，立即回报太祖皇帝。

由于事情已经在长春殿早朝时被捅开了，所以，太祖皇帝现在也不能再袒护王继勋。还算这位皇帝老爷是个多情种子，还记着前妻的一点好处，思之再三，只是将王继勋“削夺官爵，勒归私邸”了事。

四年吃掉百余人
一朝弃世万民乐

宋太祖开宝三年（970 年），由赵匡胤亲自下令，将前彭州防御使王继勋迁往西京洛阳安置，命令上写的是“分司西京”。

在此之前，王继勋先是被软禁了一段时间，然后又被发配到山东登州，还没去呢，就又被召回京城任右监门率府副率。

这次西京之行，王继勋虽然被委以“分司”的职务，但他自己心里也清楚，这不过是姐夫皇帝对他的再一次流放而已。

因此，他“心常怏怏”，觉得自己为朝廷效命这么多年，到末了却因为几个奴婢而断送了前程，实在是有些人小题大做的结果。

“太过分了，”王继勋在由东京汴京赶往西京洛阳的途中，心里暗想，“那个混蛋皇帝和那群混蛋大臣们不是死盯着老子脔割奴婢一事不放吗？这次老子再给你们‘玩’点新的花样出来，让你们这些少见多怪的混蛋们晓得马王爷究竟有几只眼！”

到了西京以后，王继勋住在东门苍龙门里。

宋代共有东、西、南、北四京，即所谓东京汴京、西京洛阳、南京应天府、北京大名府。其中西京在唐代显庆年间本为唐帝国的东都，到了宋朝才改为西京的。这里因为葬有太祖皇帝的父亲，所以，太祖皇帝时不时要来看看。

据《宋史·地理志》记载：西京城方九里，有六座城门，其中城南有三门，中曰五凤楼、东曰兴教、西曰光政；城东有一门，叫苍龙门；城西有一门，叫金虎门；城北有一门，叫拱宸门。

王继勋所在的苍龙门乃是整个西京最为繁华之地，什么酒肆茶楼、勾栏瓦舍，三教九流无不在此各得其所。

住下后不久，王继勋开始了他的新“玩法”。

他派亲信出去替他找一种叫作“女侩”的人。

女侩是干什么的呢？“侩”，《辞海》里的解释是“旧社会里的买卖介绍人”。唐代人颜师古对侩的解释是“侩者，合会二家交易者也”。“女侩”就是女掮客。

王继勋找女掮客干什么呢？

难道他要做买卖？非也！堂堂的国舅爷岂能等同于行商坐贾之辈，他向来是只买不卖的。那他要干什么呢？

他是要大批买进“民家子女”来充实供他享乐与施暴的奴婢队伍的。

在封建社会，有五种人被人们公认为最为阴毒。这五种人是：车、船、店、脚、牙。“牙”就是“侩”，就是掮客。女人轻易是当不了掮客的，但一旦当上则比男侩还要坏。她们的价值观念往往只能用金钱来衡量，亦即谁给我钱，我就替谁拉皮条。

王继勋不但给她们钱，而且还给不少，她们自然会为王继勋不遗余力了。

可惜王继勋这位国舅爷的名声太坏。洛阳虽然离东京汴京有一段距离，但“好事不出门，恶名扬千里”，苍龙门一带的百姓们也不知从哪里听说的，说这位国舅爷专门以残害奴婢为乐。良家百姓即使是生活再苦，也不愿意把自己的儿女往这个火坑里推。

因此，那些女侩们跑了很多天，也没买来几个奴婢。

王继勋气得像是一头苦苦搜寻猎物而又吃不到口的野狼一样，“嗷嗷”怪叫。

按照正常的“钱、人”交易弄不到奴婢，王继勋恼羞成怒，下令抢。不过对外仍叫买——强买（《宋史·外戚传》上称“强市民家子女”）。

这种扔下一点钱就拉走一个人的做法，在西京洛阳引起众人强烈的不满。当地的士绅一致指责王继勋，并欲上书皇帝。

外面闹腾得沸沸扬扬，王继勋却置若罔闻，照样在那里我行我素。

这批强买的奴婢一共有十八个。王继勋把他们按性别分置于大门、二门之内，准备一点一点地“消遣”。

就像是玩鸟的人要用一点谷子之类的吃食来喂小鸟，以保证其不被饿死一样，王继勋一开始还是能够保证这些“猎物”们吃饱睡好的。

叵耐这些人不识“抬举”，十八个人中竟有十五个人闹着要回家。

“回家！回家！老子让你们回家！”王继勋被吵烦了，恶狠狠地说道。

当天晚上，他亲手把那个叫得最凶的女仆杀死，然后，将这个女仆身上的肉一块一块地切割下来，就着各种调好的作料，津津有味地吃了起来。瞧他吃起来的那份香甜，仿佛他吞食的不是人肉，而是天生该吃的美味佳肴。

关于王继勋生吃人肉，这可不是笔者杜撰。有《宋史·外戚传》为证：“继勋残暴愈甚。强市民家子女备给使，小不如意，即杀食之。”

且说那王继勋把那女仆挑肥择瘦地吞食下去之后，叫人弄来一口薄皮棺材，把被他用剔骨刀剔出来的骨头敛了敛，装进棺材里。被吓得胆战心惊的亲随还以为王继勋突然良心发现，要将被他杀而食之的女仆入土呢，谁料根本不是那么回事。

“把这棺材给我抬走！”王继勋高声命令他的手下。

“请大人示下，这棺材要埋到哪里？”

“埋？谁说要埋！”王继勋把眼睛一瞪，厉声喝道。

“那……？”

“去，把它给我扔到东门外的乱葬岗子里，听好，不准埋，只准扔！”

那名亲随嘴上应着，心里却在暗想：“干吗呀！杀人不过头点地呢！你已经把肉都给吃了，剩下这么点骨头还不让往土里埋。王继勋啊，王继勋，你也太过分了！”

王继勋可不管手下人心里想什么，他只要手下的女侩们能给他多提供一些“猎物”，棺材店的老板能够保证供给他足够的薄棺材就行了。

这段时间，洛阳有头有脸的士绅们都把王继勋的存在当成了一种耻辱，把与王继勋交往当成是对自己身份的一种亵渎。因而，与在东京时截然不同，在西京的王继勋，他的家中每天来来往往的常客无非只有两种人，一种是女侩，再有一种就是棺材店的老板。史称，“女侩及鬻棺者出入其门不绝”。

对于与这些为上流社会所不齿的下等人交往，王继勋并不觉得有什么“跌份”。

反正他也是个曾经被流放过、被软禁过、被撤掉过一切官职的人，大风大浪都经历过了，还怕再淋点“小雨”？

吃掉了第一个女仆之后，王继勋没有任何不良反应，自我感觉出奇的好。于是，他一天一个，十八天的时间吃掉了十八个奴婢——真难得他竟有这样的“好胃口”！

据史料记载，仅从宋太祖开宝六年（973 年）四月到宋太宗太平兴国二年（977 年）二月，不到四年的时间，王继勋就先后杀死并吃掉了一百多名奴婢。

在中国古代漫长的封建社会中，饱受乱离的庶民百姓们无时无刻不在企盼着国泰民安。“宁为太平犬，不做乱世人”这句语含偏激的话，曲折地表现了人民渴望生活在太平盛世的强烈愿望。

公元九七六年十月，靠一杆哨棒打通四百座军州的北宋开国皇帝赵匡胤死去。所遗皇位遵其母杜太后遗命，由其弟晋王赵光义继承，是为宋太宗。

宋太宗在许多方面都不如乃兄赵匡胤，尤其是“烛光斧影”之谜，更使他千百年来一直背着一个以臣弑君、以弟杀兄的恶名。其后他又因一句戏言，而逼死乃兄赵匡胤之子秦王赵德芳。这些一向为人们所诟病。

但赵光义也有赵匡胤所不能及之处，那就是敢向恶势力下手，斩吃人者以为民除害。

还是在晋王府邸的时候，赵光义就隐约听人说起过王继勋杀人吃人的种种奇闻怪事。

登基伊始，他忙于摆平各方面的关系，一时之间忘了这么一档子事。

转眼过了春节，正月刚了，进入二月，又有人告御状，详细列举了王继勋的种种不法行为。

该不该处理王继勋，当时的朝臣中存有两种不同的看法。一种看法认为，王继勋是已故孝明皇后的嫡亲弟弟，打狗还须看主人，应该仿效太祖皇帝的做法，免去王继勋的“分司西京”之职，将其流放边远之地。另一种看法则认为，杀人偿命，负债还钱，自古已然。王子犯法，与庶民同罪！太祖皇帝之所以宽恕王继勋，并不仅仅因为他是国戚，而实在是因为那时候的王继勋尚无杀人、吃人的恶行。倘若那时的王继勋像今天这样肆无忌惮，相信太祖也一定会将其绳之以法的。

两种看法针锋相对，争论的焦点在于对王继勋该怎样处置。

太宗认真听取了群臣的意见之后，果断地做出下述指示：王继勋的问题不是该不该治罪，而是该怎样治罪。为了不冤枉好人，也为了不放过坏人，太宗决定特派官员前往王继勋的府邸进行调查，倘若调查结果证明告御状人所述是实，定杀王继勋以谢天下！

赵光义派去调查王继勋案件的人姓雷，名德骧，时任户部员外郎杂知事。

这位户部员外郎倒是个精明干练之人。接旨以后，他用迅雷不及掩耳的手段将王继勋逮捕，并派兵包围了王在西京的府邸。

也不知他采用了什么厉害手法，竟将一向桀骜不驯的王继勋弄得服服帖帖。大概是此时“姐夫皇帝”已经不在人世，当政的是另外一个人，没有硬靠山，王继勋不由在气势上矮了半截；也可能是因为杀人杀得太多，吃人吃得太猛，王继勋自知罪恶深重，不吐不快。也可能还有别的理由，反正王继勋对自己从开宝六年到太平兴国二年这段时间所犯的罪恶供认不讳。

据《宋史·外戚传》记载，王继勋在这段时间杀掉并吞吃掉了一百多个奴婢，而且多“棺其骨而弃诸野”。

雷德骧将这一切全部都汇报给太宗赵光义。太宗皇帝接到奏报后，大怒，立即下令将王继勋在西京洛阳正法，斩首示众。

与王继勋一起伏法的还有充当他走狗的女侩八人、男侩三人——其中还有一个名叫广惠的和尚。

这个和尚之所以被杀，是因为他常与王继勋一起生吃人肉(《宋史》

说他“常与继勋同食人肉”）。

有道是天网恢恢，疏而不漏。

王继勋、广惠等恶人随意杀人、吃人时，常常使剔骨尖刀，把被他们杀死的奴婢们的肌肉从骨头上剔下来。现在，该轮到他们自己了。

那些愤怒的民众，那些被王继勋等人残害的死者家属守在西京洛阳的刑场边，当行刑的刽子手一刀将王继勋的人头斩下时，洛阳人民无不拍手称快！

后 记

在古希腊词汇中，哲学就是“爱智慧”的意思。在我的辞典里，历史，就是爱与恨的交织。献身哲学的哲学家们总是“怀着一种永恒的乡愁去寻找失落的精神家园”；历史学家或历史报告（纪实）文学工作者的任务，则是为活着的人们重现“伊甸园”。

今天是昨天的发展，明天是今天的继续！

人无法割断历史，正如利刃不能截断急流。

自从亚当和夏娃偷食了智慧果之后，光明与黑暗、伟大与渺小、痛苦与欢乐、瞬间与永恒时时交织在一起。带给人间灾难的，并不仅是那只被无数人诅咒过的“潘多拉匣子”，更多的还是人类自己。

中国有五千年的文明史，但这五千年的时间里所发生的一切却并不都是那么“文明”！从司马迁的《史记》，到数十人合撰的《清史稿》，一部二十五史，诚如鲁迅先生所说的“歪歪斜斜的只有‘吃人’两个字”，害人、坑人、抢人、杀人、尔虞我诈、钩心斗角、嘴上含笑、底下使绊、子母乱伦、父子相残等“不该发生的故事”实在太多。真应了那句老话：“一部二十五史，不知叫我从何说起！”

在漫长的封建社会中，芸芸众生用自己的双手，造起了一座座偶像——各个朝代的帝王将相，然后对他们顶礼膜拜。这种“造神运动”帮了那些自己都不敢过分相信自己的帝王将相们的大忙。于是乎，周而复始地重复着一出出的闹剧。

生生不息的人群！生生不息的命运！

由于一个偶然的原因，我对中国历史发生了浓厚的兴趣。在查阅资料的过程中，发现了许多过去所学教科书上所不曾记载的东西，越查越多，越看越有趣。一种超然于物外的力量驱使我把这些东西写出来。于是，我拿起了笔，呕尽数年心血，剥去了几十个“天之骄奴”、“天之骄子”、“天之骄媳”、“天之骄戚”们脸上的神秘面纱，还其以本来面目。

我不想重复“汗牛充栋”的正史上的记载，也不愿受已凝固了的各种“名分”的约束，我更愿意让那支没有佩戴“缰绳”的笔在故纸堆里自由驰骋，写到哪儿算哪儿。

因系“左道旁门”，所以本书侧重于：1.避“重”就“轻”，揭私泄密。本书所叙的帝王、后妃、宦官、外戚们的情况大多系正史如《二十五史》《资治通鉴》《续资治通鉴》等所少言，一般史学教科书亦语焉不详或不屑提及的私生活，而对别的书中大书特书的军国大事则有意从略；2.辑杂钩沉，拾遗补缺。着意挖掘历史“死角”里的素材。读者朋友翻阅本书时，一定会发现在一般史书中常见的那些老面孔如秦皇、汉武、唐宗、洪武、康熙诸公都没怎么露面，而那些一直为史学家们所忽略的一大批“小”人物，却摇头晃脑地占据了本书的许多篇幅。这似乎有一点大不敬的味道。然而也只好如此，若不，就不是这本书了。

由于作者学识所限，本书的缺点、错误一定很多，恳请海内外有识之士不吝指教。

张志君

于北京西郊雕虫斋